趣味数独

课程的开发与实施

李国娟　李迪雷◎主编

课程纲要　　教材教参　　课程实施

开设《趣味数独》拓展课程
主要目的是培养学生对于数独游戏的兴趣
培养学生思维的多维性
并提升学生观察力、思考力与推理能力

光明日报出版社

图书在版编目（CIP）数据

《趣味数独》课程的开发与实施 / 李国娟，李迪雷
主编. -- 北京：光明日报出版社，2018.5（2021.8 重印）
ISBN 978 - 7 - 5194 - 4233 - 0

Ⅰ.①趣… Ⅱ.①李…②李… Ⅲ.①智力游戏—课
程设计—中小学 Ⅳ.①G633.962

中国版本图书馆 CIP 数据核字（2018）第 110434 号

《趣味数独》课程的开发与实施
《QUWEI SHUDU》KECHENG DE KAIFA YU SHISHI

主　编：李国娟　李迪雷

责任编辑：许　怡　　　　　　　　　责任校对：赵鸣鸣
封面设计：范晓辉　　　　　　　　　责任印制：曹　净

出版发行：光明日报出版社
地　　址：北京市西城区永安路 106 号，100050
电　　话：010 - 63169890（咨询），010 - 63131930（邮购）
传　　真：010 - 63131930
网　　址：http：//book. gmw. cn
E - mail：xuyi@ gmw. cn

法律顾问：北京德恒律师事务所龚柳方律师

印　　刷：三河市华东印刷有限公司
装　　订：三河市华东印刷有限公司

本书如有破损、缺页、装订错误，请与本社联系调换

开　　本：170mm×240mm
字　　数：152 千字　　　　　　　　印　张：14
版　　次：2018 年 5 月第 1 版　　　印　次：2021 年 8 月第 2 次印刷
书　　号：ISBN 978 - 7 - 5194 - 4233 - 0
定　　价：49.00 元

前 言

浙江省绍兴市柯桥区柯岩中心小学发展根植于本地域特色，以柯岩风景区"云骨"这一地标景观为基础，提炼了"志气、才气、骨气、秀气"的云骨精神。云骨精神，既是学校对教师教育精神的目标导向，也是学校对学生生命成长的价值引领。即与学校对学生道德基础、文化涵养、体育素质、美学追求等方面的要求相吻合，又与先贤精神一脉相承自然相融，既扎根传统，又贴近现实，直接成了学校办学的文化图腾，因而，我们把学校课程冠名为"云骨课程"。将课程也相应地分为志气课程、才气课程、骨气课程、秀气课程，每种课程下，又分为基础性课程、拓展性课程两大部分。

云骨课程体系：

《趣味数独》课程是学校云骨课程才气领域中的数学思维训练课程，旨在让学生提升理性思维。

该课程在人教版二下数学广角《推理》的基础上延伸、补充、拓展和整合。凭借教材例题为支撑点，以"表格"为载体，与"数独法"推理有机结合起来。让学生了解数独的历史、元素，经历数独的基本玩法，借助数独"行列宫"多维分析，发展思维力。列表法是选言推理、连线推理的补充；3×3数独是列表法的整合；4×4数独是3×3的延伸；四宫数独是4×4数独的拓展，四个内容形成一个系列作为第一单元，各部分内容之间由浅入深。在第一单元的基础上，增加变形数独与生活中的数独，引出第二、三两个单元，以利学生感受到数独既有趣又有用。

数独是源自18世纪瑞士的一种数学游戏。是一种运用纸、笔进行演算的逻辑游戏。数独的规则很简单，顾名思义——数独中每个数字只能出现一次。但它能够全面锻炼人的逻辑思维能力、推理判断能力、观察能力等。数独题是一种全面考验做题者观察能力和推理能力的思维游戏，虽然玩法方便，但数字排列方式却千变万化，因而数独是训练头脑的绝佳方式。

该课程以"行与列"为起点，延伸、整合、拓展到九宫数独。在课堂中，引入"微课"形式，翻转课堂，先学后教；通过趣味数独训练使学生的思维从一维上升到多维；课程评价形式多样：有对课程本身的整合度评价；也有对教师在课程实施过程中，课堂教学方式转变的教学行为评价；还有课堂即时评价、成果评价、对比评价，考量学生的学习能力等。

开设《趣味数独》拓展课程，主要目的是培养学生对于数独游戏的兴趣，培养学生思维的多维性，并提升学生观察力、思考力与推理能力。

2017 年 7 月

李国娟

目 录
CONTENTS

上篇　课程纲要 ……………………………………………… 1

中篇　教材、教参 ………………………………………… 9

下篇　课程实施 …………………………………………… 40

　　1. 课堂实录　41

　　2. 教师观课议课　113

　　3. 学生即时评价　145

　　4. 学生评课程　148

　　5. 走班选课　151

　　6. 附件　155

后记 ……………………………………………………… 211

上 篇 课程纲要

一、**名称：**《趣味数独》

二、**设计者：**李国娟　李迪雷

三、**总课时：**18 课时

四、**适应年级：**二年级

五、**课程类型：**知识拓展类课程

六、**课程简介**

《趣味数独》课程是学校云骨课程才气领域中的数学思维训练课程。它在二下数学广角《推理》的基础上延伸、补充、拓展和整合。该课程是属于数学知识拓展类课程，旨在培养学生思维的多维性，并提升学生观察力、思考力与推理能力。

该课程以"行与列"为起点，整合、拓展到九宫数独。在课堂中，引入"微课"的形式，翻转课堂，先学后教，完善学生学习方式；通过趣味数独训练使学生的思维从一维上升到多维；课程评价形式多样：有对课程本身的整合度、信度、效度等的评价；也有课堂即时评价、成果评价、对比评价三种评价方式，评定学生的学习能力。

七、**背景分析**

让学生的思维从一维拓展到多维，并提升学生的推理能力。让学生通过在列表法中体验"肯定一项，否定多项"的推理过程，及时与数独的"排除法"对接；完善学生的学习方式，以自主探究、实践体验、合作交流等主流状态，拓展学生的学习时空。

该课程以二下数学广角《推理》中的例题作为支撑点，以"表格推理"为载体，将"选言推理""连线推理"与"数独法推理"有机结合。通过"趣味数独"的训练，让学生了解数独的历史、元素，体验数独游戏中存在的数学方法。

八、课程目标

1. 掌握数独的解题方法，会做简单的四宫、六宫、九宫数独，逐步积累解题经验。

2. 通过数独训练，提高学生的观察能力、逻辑推理能力，并且让思维上升到多维。

3. 围绕"趣"字展开训练，让学生体验数独学习的快乐。

4. 引入"微课"，先学后教，培养学生自主学习的能力等，促使核心素养的发展。

九、课程内容

课程围绕"认识数独、数独变形、生活中的数独"三个单元18个章节编排，采用两大板块（新授、练习）方式呈现，图文并茂，具有直观性、启发性和可读性。本课程的教学计划是：总计18课时（第一单元6课时；第二单元9课时；第三单元3课时）。具体内容、课时安排如下：

主题	教学内容	课型	教学形式	教学目标
第一单元认识数独	列表法推理	长课	引入微课	初步学习用表格法进行推理培养学生语言叙述能力及有序思考。
	简单推理应用	短课	自主练习修正	提升学生运用表格法进行推理的能力。
	3×3数独	长课	引入微课，观察分析归纳	初步学习用数独法进行推理，获得一些简单推理的经验。
	4×4数独	长课	体验不断地冲突	通过对空格行与列的描述，找到第一次能解决的空格即解题的突破口，培养学生有顺序、全面思考的能力。
	四宫格数独	长课	引入微课，发现比较归纳总结	学会用数独的"唯一性"特点学习4×4四宫数独，让学生在比较、思考、推理过程中找到四宫数独解题的突破口，从而归纳出解题方法。
	四宫格数独练习	长课	自主练习修正	灵活运用归纳出的解题方法进行强化练习。
	数独大比拼（一）	竞赛型的主题活动	同年段笔试	及时了解第一阶段学生掌握数独的学习情况。
第二单元数独变形	六角数独	长课	观察体验分析	通过"同一线上填1—4的数字不重复"的变形数独学习，增强学生运用"排除法"解决问题的能力。
	雪花数独	长课	观察体验分析	通过"雪花同一瓣、同行（三个方向）填1—6的数字不重复"的趣味数独学习，增强学生运用"排除法"解决问题的能力。
	六角、雪花数独练习	短课	自主练习修正	灵活运用"排除法"进行强化练习。

续表

第二单元数独变形	六宫格数独	长课	体验不断的排除	学会用"排除法"解决6×6六宫数独，培养学生的观察、分析推理能力。
	六宫格数独练习	短课	自主练习修正	灵活运用"排除法"进行强化练习。
	锯齿数独	长课	观察体验分析	通过趣味数独学习，增强学生对数字的敏感度，在解题中感受成功的喜悦。
	锯齿数独练习	短课	自主练习修正	灵活运用"排除法"进行强化练习。
	九宫格数独	长课	体验不断的排除	学会用"排除法"解决9×9九宫数独，培养学生的观察、分析推理能力。
	九宫格数独练习	短课	自主练习修正	灵活运用"排除法"进行强化练习。
第三单元生活中的数独	较复杂推理应用（一）	长课	体验分析总结	培养学生在解决问题过程中的观察、比较、分析、综合、推理等数学能力。
	较复杂推理应用（二）	长课	分析对比体验	让学生经历稍复杂的推理过程，获得更多简单推理的经验，培养学生有序、全面思考问题的意识。
	较复杂推理应用（三）	长课	回顾交流体验	使学生体会推理思想在生活中的用途，并获得成功的体验，激发学生学习数学的兴趣。
	数独大比拼（二）	竞赛型的主题活动	二三年段笔试	通过组织二三年级学生同时进行竞赛，从横向同年级、纵向不同年级比较，突出学生思维方式的变化。

十、课程编写原则

该教材在编排上有如下特点：

（1）课程编写遵循学生认知发展规律，知识点由浅入深，由简单到复杂，螺旋上升。从一开始的"表格"推理到数独雏形，再到四宫、六宫、九宫的安排。最后加入第三单元较复杂的推理应用。

（2）课程编写设计了多个利于学生操作的游戏活动，让学生在游戏中，体验感知数独的魅力。本课程不同于传统数独，在编排上加入了雪花、六角等变形数独，使数独内容更具趣味性，对学生更具吸引力。

十一、课程实施建议

根据教材编排特点及学生实际情况，教师在教学时应注意以下几点：

1. 长课、短课相结合的思路进行教学。练习课以短课为主；新授课以长课为主。班级授课与走班选课相结合，第一单元班级授课，重在知识的渗透、补充、延伸与整合；第二三两个单元学生走班选课，安排在周三下午第二节，重在让有潜力与兴趣的学生自主选择。

2. 从列表法开始，整合拓展到九宫数独，发展学生的多维思维。在课堂上引入"微课"的形式，翻转课堂，激发学生主动学习的动力，完善学生学习方式。以"独学"为主，穿插对学、群学、合学、补学等相结合的学习方式，使学生获得多元化的信息渠道。

3. 注重学生有条理地阐述推理过程，让学生学会有序思考。教师在教学中注重引导学生根据表格内容表述推理过程。多采用学生以小老师的角色上台交流分享，逐步达成共识。

4. 以学生熟悉的生活情境作为教材编写的素材：比如第一单

元中学生比身高；第三单元《较复杂的推理应用》中，猜一猜我的职业等富有趣味性的情境，激发并保持学习兴趣。

5. 建议用 18 课时教学。

十二、课程评价

有对课程本身的整合度、信度、效度等的评价；也用课堂即时评价、成果评价、对比评价三种评价方式，评定学生的学习能力。

1. 课堂的即时评价

课堂中教师时刻关注学生的"学"，即学生在课堂上的行为表现、情感体验、过程参与、合作探究等，及时进行评价，采用下边的表格进行自评、互评、教师评等形式，综合评定学生在拓展课程中的参与程度。

《趣味数独》课堂参与评价表

班级　　　　姓名　　　　项目

评价内容 \ 评价结果	自我评价			他人评价（同桌）			他人评价（小组）			家长评价			教师评价			总评		
	★★★	★★	★	★★★	★★	★	★★★	★★	★	★★★	★★	★	★★★	★★	★	★★★	★★	★
1. 喜欢学习数独																		
2. 愿意参加数独活动																		
3. 上课专心听讲																		
4. 积极思考老师提出的问题																		
5. 主动举手发言																		
6. 喜欢发现数学问题																		
7. 愿意和同学讨论学习中的问题																		
8. 敢于把自己的想法讲给同学听																		
9. 认真完成作业																		
你觉得你还应该在哪些方面更努力些？																		

说明:

1. 每一课时结束时进行评价,每课时的累计即为总评。

2. 在相应的栏内打"√",其中小组评价以85%的认可度作为结果,如×××"★★★"为85%以上则为"★★★"。

3. "★★★"为最满意,"★★"为较满意,"★"为一般满意。

4. 其中自我评价、同桌评价、小组评价、家长评价、老师评价各为20%,合起来就是总评。

2. 成果评价

(1)针对每节课不同的数独内容,进行一个分层次闯关游戏,体现本节课学生在课堂中的学习效率,保证认真参与的学生都可以获得一星级;想获得更高星级的,可以继续挑战。这样,既激发不同层次学生的学习潜能,也激发学生对数学的兴趣。

(2)《趣味数独》全部学习完之后,进行一次竞赛,达到三星就可以过关,颁发"数独小能手"奖章;达到五星就可以获得"数独小达人"奖章。

3. 对比评价

组织二三年级学生同时进行同一内容的竞赛,通过横向同年级、纵向不同年级比较,以正确、快速为评价要素。

中　篇　教材、教参

寄数独爱好者的话

亲爱的小朋友：

欢迎你来到有趣的"数独王国"，在这本书里你能发挥你"最强大脑"的能力，幸福地遨游在数学知识的海洋里。

数独是一种以数字为载体的逻辑推理游戏，起源于中国数千年前的《河图》《洛书》。而"数独"一词源于日本，意思是"只出现一次的数字"。数独由于其规则非常简单，题目又变化无穷，如今已经发展成为一种风靡全球的益智游戏，拥有上千爱好者。

小朋友在做数独游戏的过程中，不仅需要充分运用逻辑推理能力，还需要将观察能力发挥到极致；不仅需要有充足的耐心静静解开每一道题目，还需要做到每步都非常细心不出错漏，所以本书可以全面检测和训练我们小朋友各方面的能力，称得上是一种一举多得的益智游戏。

常做数独题目不仅可以活跃我们的思维，体验推理的快感，还可以让我们像"侦探"一样寻找题目中的蛛丝马迹。在趣味游戏中潜移默化地强化思维能力，养成认真做事的好习惯。

《趣味数独》书从易到难精选了众多优秀的题目，在教材中采用"小精灵"的形式提供给我们许多解题的技巧和数独的背景知识，为我们提供了丰富的学习资料。教材编排内容循序渐进，既可以作为教师讲授数独时的训练题集，也可以作为学生自学和练习的摹本。

好吧！朋友们让我们开启"智慧的航班"一起前行吧，相信你会在有趣的数独题中，获得更多的快乐，收获更多的成功与喜悦！

2017 年 5 月

目录

第一单元 认识数独

1. 列表法推理

2. 简单推理应用

3. 3×3 数独

4. 4×4 数独

5. 四宫格数独

6. 四宫格数独练习

第二单元 数独变形

1. 六角数独

2. 雪花数独

3. 六角、雪花数独练习

4. 六宫格数独

5. 六宫格数独练习

6. 锯齿数独

7. 锯齿数独练习

8. 九宫格数独

9. 九宫格数独练习

第三单元 生活中的数独变形

1. 较复杂推理应用（一）

2. 较复杂推理应用（二）

3. 较复杂推理应用（三）

趣味数独

1. 列表法推理

有语文、数学和品德与生活三本书，下面三人各拿一本。小刚拿的是什么书？小丽呢？

我把人名和书名写成两行，再连线。

小红 小丽 小刚
语文 数学 品德与生活

小丽拿的不是数学书，可以肯定……

用列表法就更清楚了。

	语文	数学	品德与生活
小红	∨		
小丽			
小刚			

做一做

丹丹、红红和玲玲三个小朋友身高不同，玲玲说："我不是最高的。"红红说："我不是最高的也不是最矮的。"她们三个人谁最高？谁最矮？

你能用列表法解决吗？

2. 简单推理应用

（1）红红、聪聪和颖颖都戴着太阳帽去参加野炊活动，他们戴的帽子一个是红的，一个是黄的，一个是蓝的。只知道红红没有戴黄帽子。聪聪既不戴黄帽子，也不戴蓝帽子，请你判断红红、聪聪和颖颖分别戴的是什么颜色的帽子？

（2）有香蕉、苹果、橘子三种水果。小红说："我吃橘子。"小刚说："每人只吃一种水果，我不吃橘子。"小林说："我既不吃苹果，也不吃橘子。"问：他们三人各吃什么水果？

（3）甲、乙、丙分别是来自中国、日本和英国的小朋友。甲不会英文，乙不懂日语却与英国小朋友热烈交谈。问：甲、乙、丙分别是哪国的小朋友？

3. 3×3 数独

	语文	数学	品德与生活
小红	√	×	×
小丽	×	×	√
小刚	×	√	×

我想修改一下这张表。

√	×	×
×	×	√
×	√	×

把勾叉全去掉，更有挑战性哦！

列：

	1	2	3
行：A	1		3
B		A	
C			2

格：C3

这是数独。每行每列已有2个数字，我们可以推理出空格数。

格：数独中最小的方格，里面可以填入一个确定的数字；

行：由一组横向格子组成的区域，用字母区分它们的位置，如A行；

列：由一组纵向格子组成的区域，用数字区分它们的位置，如1列；

上表中，每行、每列都有1～3这三个数，并且每个数在每行、每列都只出现一次。A应该是几？

做一做

（1）下面各表中，每行、每列都有 1～3 这 3 个数，并且每个数在每行、每列都只出现一次。你能将表格填完整吗？

1		
	2	
		3

	3	
1	2	

（2）我也能编一编像第一题一样的表格。

数独的起源：

"数独"有一个字是"数"，人们也往往会联想到数学，那就不妨从大家都知道的数学家欧拉说起，但凡想了解数独历史的玩家在网络、书籍中搜索时，共同会提到的就是欧拉的"拉丁方块"。

拉丁方块的规则：每一行、每一列均含 1～N（N 即盘面的规格），不重复。

4. 4×4 数独

下表中，每行、每列都有 1～4 这 4 个数字，并且每个数字在每行、每列都只出现一次。B 是几？

3	2		
		B	2
		3	
1			

我想到了，B行和1列有____、____和____，那么，交叉的空格就是____，这时，B行和1列已有____、____、____，所以B只能是____。

只要行和列上出现三个不同的数，依此填出空格的数。

马上去试一试吧！

做一做

下表中，每行、每列都有 1～4 这 4 个数字，并且每个数字在每行、每列都只出现一次。B 是几？

		1	
	2		3
	3	B	

2			3
B	4		
			2

5. 四宫格数独

在学习数独之前，让我们先来了解一些专有名词，这样，方便我们相互交流。

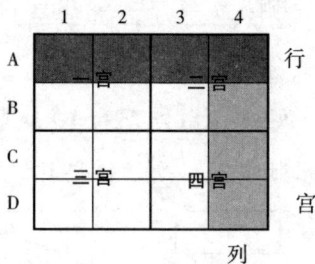

	1	2	3	4	
A	一宫		二宫		行
B					
C	三宫		四宫		
D					宫

列

宫：由一组被粗线划分的 2×2 格子围成的区域，用中文数字区分它们的位置，如一宫；

用 1~4 这 4 个数字填入以上的方格中，使每一行、每一列、每一宫都有 1~4 这 4 个数字，且不重复，B 是几？并把四宫数独填完整。

		1	
	2		3
	3	B	

马上去试一试吧！

✦ 做一做

（1）用 1~4 这 4 个数字填入以上的方格中，使每一行、每一列、每一宫都有 1~4 这 4 个数字，且不重复，你能独立把表格填完整吗?

4		2	3
3		1	
	4		
	4	2	

1		4	
3		1	2
		2	1

（2）猜一猜，这是几宫数独?

你知道吗?

　　数独是一种运用纸、笔进行演算的逻辑游戏。需要根据 9×9 盘面上的已知数字，推理出所有剩余空格的数字，并满足每一行、每一列、每一个粗线宫内的数字均含 1～9，不重复。每一道合格的数独谜题都有且仅有唯一答案，推理方法也以此为基础，任何无解或多解的题目都是不合格的。

6. 四宫格数独练习

同学们，经过前段时间的学习，相信大家一定有所收获，让我们一起去试试吧！

用 1~4 这 4 个数字填入以下方格中，使每一行、每一列、每一个 2×2 的粗线宫内都有 1~4 这 4 个数字，且不重复。

第1题

第2题

第3题

第4题

同学们，你们真棒！

7. 六角数独

同一线上填 1~4 这 4 个数字且不重复。

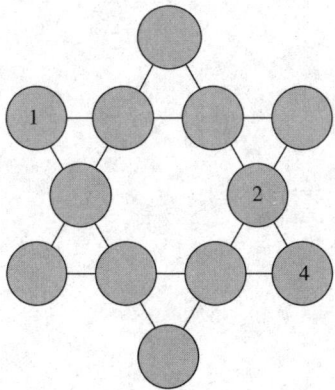

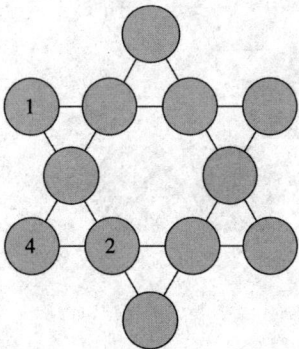

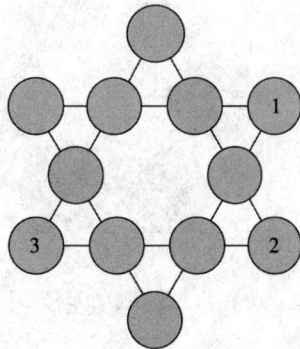

让我来试一试六角形吧！

做一做

同一线上填 1~4 这 4 个数字，且不重复。

8. 雪花数独

雪花同一瓣、同行（三个方向）填 1 ~ 6 这 6 个数字，且不重复。

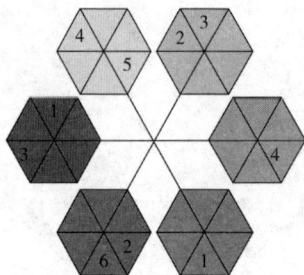

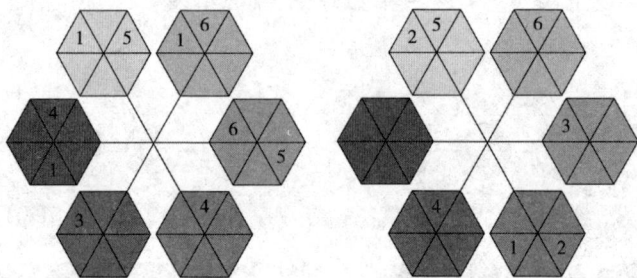

小雪花真漂亮，让我来把它填满吧。

做一做

雪花同一瓣、同行（三个方向）填 1 ~ 6 这 6 个数字，且不重复。

9. 六角、雪花数独练习

同学们，经过前段时间的学习，相信大家一定有所收获，让我们一起去试试吧！

20

同一线上填 1～4 这 4 个数字，且不重复。

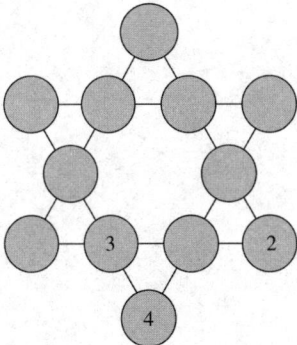

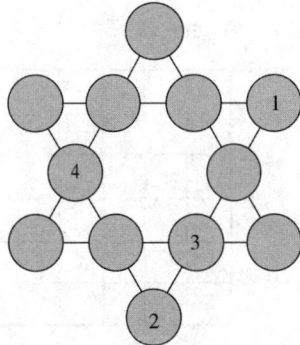

第1题　　　　　　　　　　第2题

同学们，你们真棒！

雪花同一瓣、同行（三个方向）填 1～6 这 6 个数字，且不重复。

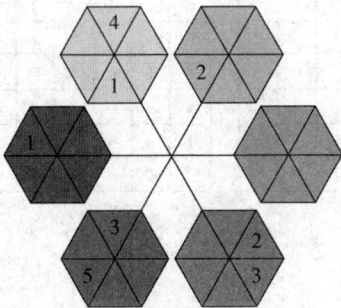

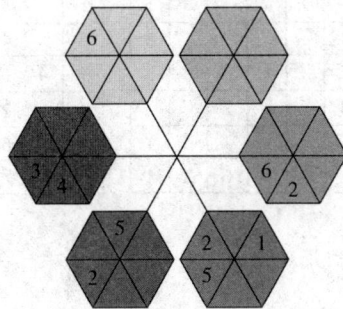

第3题　　　　　　　　　　第4题

10. 六宫格数独

用 1~6 这 6 个数字填入以下的方格中，使每行、每列、每宫都有 1~6 这 6 个数字，且不重复。

5		3		2	4
		1			6
3	2		4		1
				3	
1			6	4	
6					2

可以用下表尝试解决！

你有什么好方法吗？

做一做

用 1~6 这 6 个数字填入以下的方格中，使每行、每列、每宫都有 1~6 这 6 个数字，且不重复。

	1	2		3	
4					5
		4	5		3
3		1	2		
					1
	4		6	5	

1		3		5	
6		4	3		2
	4		2	6	3
3	6	2		4	
4		6	5		1
	1		4		6

6	2	1		4	
			6	1	2
3	1	4			
5			1	3	4
1	3	5			
	4		3	5	1

11. 六宫格数独练习

同学们，经过前段时间的学习，相信大家一定有所收获，让我们一起去试试吧！

用 1~6 这 6 个数字填入以下方格中，使每行、每列、每宫内都有 1~6 这 6 个数字，且不重复。

第1题

2	4	6		3	
			6	2	
3		4			5
5			3		2
	5	2			
	1		2	5	6

第2题

5		2		4	
			1	5	2
3	4			2	
	2			3	4
2		3	4		
	1		2		3

同学们，你们真棒！

第3题

3		4		1	
			2	3	4
2		6		5	
	3		4		6
4	1	3			
	6		3		1

第4题

			1	3	4
1	4	3			
4			5		6
5		1			2
			2	5	3
3	2	5			

12. 锯齿数独

将 1~7 填入以下方格中，使得每行、每列、每宫内都有 1~7 这 7 个数字，且不重复。

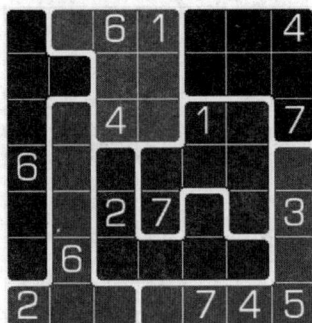

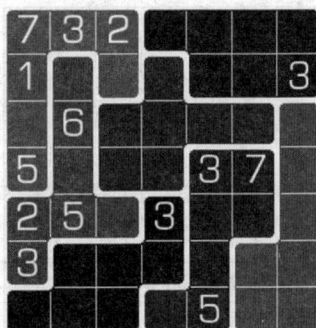

让我来填满锯齿吧。

做一做

将 1~7 填入以下方格中，使得每行、每列、每宫内都有 1~7 这 7 个数字，且不重复。

13. 锯齿数独练习

同学们，经过前段时间的学习，相信大家一定有所收获，让我们一起去试试吧！

将 1～7 这 7 个数字填入以下方格中，使得每行、每列、每宫内都有 1～7 这 7 个数字，且不重复。

第1题

第2题

同学们，你们真棒！

第3题

第4题

14. 九宫格数独

用1~9这9个数字填入以下的方格中，使每行、每列、每宫都有1~9这9个数字，且不重复。

	1	2	3	4	5	6	7	8	9
A	3		4						7
B			2	1	3	7			
C			1		5		6	8	3
D		1		2		8		5	
E		2	8				1	3	
F		9		3		5		4	
G	2	8	9		7		3		
H				6	9	4	5		
I	6						9		1

先和同桌说说你是怎么想的吧！

试着把表格填完整。

我是这样想的，C行有数字1、3、5、6、8，2列有数字1、2、8、9，一宫有数字1、2、3、4，所以C2是_____。

你还有其他方法吗？

做一做

用1~9这9个数字填入以下的方格中，使每行、每列、每宫都有1~9这9个数字，且不重复。

	1	2	3	4	5	6	7	8	9
A	1	7		5		8			
B			6		8			1	
C	8	4				6			
D				4	6		7		
E			5	3	9				
F	6		4		2	9			
G		6					1	4	
H	3		8		2				
I			3		9				

	1	2	3	4	5	6	7	8	9
A	1	9	2						
B			2	9	3		4		
C		6					7	2	
D			3		8				
E	5		4					7	
F			4	7			3		
G	6	4				2			
H		5		1	4	2			
I						5	1	4	

	1	2	3	4	5	6	7	8	9
A		6			1			7	
B	8		1						2
C				5	2		1		
D			3	9	1		6		
E	4		3			5		8	
F	6		5	2		8			
G		4			3	5			
H	1					3		9	
I		3			9			8	

15. 九宫格数独练习

> 同学们，经过前段时间的学习，相信大家一定有所收获，让我们一起去试试吧！

用1~9这9个数字填入以下的方格中，使每行、每列、每宫都有1~9这9个数字，且不重复。

9	5				4			
2	4	6		7			5	9
7	8		6		9	2	3	4
	6		7	1	3			2
3								7
1			9	4	2		8	3
5	9	8	2		6		7	1
4	1			8		3	9	6
6			4				2	5

第1题

1	5		7		4	9	2	3
			3	8				4
		5					6	7
5	7		1	2	3	4	9	
2	1	9	8		5	3	7	6
	4	3	6	9	7		1	2
6	8				1			
7	9	1	2			8	4	5
4				5	6			

第2题

> 同学们，你们真棒！

7		1	4		8		3	
	4	3		6		8	5	
5	8	6	9	3		7		4
		5	3	8		4	9	2
	2						8	
8	3	4		2	9	1		
1		8		7	5	9	4	3
	5	2		9		6	7	
	7		8		6	5		1

第3题

1	5		6	7	3	8		
	7	8			2	4	1	
4		6		7	1		5	
5	1	4		8	3		6	
7		9				4		3
	6		1	9		8	7	5
	4		9	2				6
3	9	6			8	5		
8	7	2	3		5	1		

第4题

27

16. 较复杂推理应用（一）

光明小学二年级有三个班。根据下面三句话，请你猜一猜，哪个班人数最少？哪个班人数最多？①二（2）班比二（1）班少；②二（2）班比二（3）班少；③二（3）班比二（1）班多。

你能解决吗？

做一做

（1）三个同学比身高。甲说：我比乙高；乙说：我比丙矮；丙：说我比甲高。问：谁最高，谁最矮？

（2）四个小朋友比体重。甲比乙重，乙比丙轻，丙比甲重，丁最重。这是个小朋友的体重顺序是？

（3）根据下面三句话，猜一猜三位老师年纪的大小。①王老师说："我比李老师小。"②张老师说："我比王老师大。"③李老师说："我比张老师小。"年纪最大的是谁？最小的是谁？

同学们，你们真了不起!

17. 较复杂推理应用（二）

小王、小张和小李一位是工人，一位是农民，一位是教师，现在只知道：①小李比教师年龄大；②小王与农民不同岁；③农民比小张年龄小。问：谁是工人？谁是农民？谁是教师？

你知道吗？

可以用下表尝试解决！

	工人	农民	教师
小王			
小张			
小李			

做一做

（1）柯岩中心小学设有舞蹈队、民乐队、武术队，已知：①甲没有参加民乐队；②丙没有参加武术队；③每人参加两个队；④每个队有甲乙丙中的两个人。那么，甲、乙、丙各参加什么队？

（2）A、B、C 三名运动员在一次运动会上都得了奖。他们各自参加的项目是篮球、排球和足球。现在我们知道：①A 的身高比排球运动员高；②足球运动员比 C 和篮球运动员都矮。请你想一想：A、B、C 分别是什么运动员？

（3）小英、小红和小刚三个好朋友的爸爸，一位是医生，一位是工程师，一位是教师。已知：①小英的爸爸不是医生；②小红的爸爸不是工程师；③小英的爸爸和小红的爸爸正在听一位当教师的爸爸讲如何教育孩子的方法。请你想一想：他们的爸爸各是做什么的？

同学们，太棒了！

18. 较复杂推理应用（三）

张明、席辉和李刚在北京、上海和天津工作，他们的职业是工人、农民和教师，已知：①张明不在北京工作，席辉不在上海工作；②在北京工作的不是教师；③在上海工作的是工人；④席辉不是农民。问：这三人各住哪里？各是什么职业？

你能解决吗？

做一做

（1）小亮、小红、小娟分别在一小、二小、三小读书，各自爱好围棋、体操、足球中的一项，现知道：①小亮不在一小；②小红不在二小；③爱好足球的不在三小；④爱好围棋的在一小，但不是小红。问：小亮、小红、小娟各在哪个学校读书和各自的爱好是什么？

（2）小菲、小南、小阳三个小朋友，分别戴着红、黄、蓝三顶帽子，排着队儿向前走，谁也不回头。已知：①小南能看见一顶红帽子和一顶黄帽子；②小菲只能看到一顶黄帽子；③而小阳一顶帽子也看不到。请找出走在第一个的是谁？谁又走在第二个？最后一个又是谁呢？他们又各自戴着什么颜色的帽子呢？

（3）李英、赵林、王红参加柯桥区小学生数学竞赛，他们是来自湖塘、柯桥、柯岩的选手，并分别获得一、二、三等奖。现知道：①李英不是湖塘选手；②赵林不是柯桥选手；③湖塘的选手不是一等奖；④柯桥选手得二等奖；⑤赵林不得三等奖。请分别说出各选手来自哪？获得几等奖？

同学们，你们真棒！

编写意图和教学建议

第一课时 列表法推理

【编写意图】

本课教材是基于人教版二年级下册推理例1改编，为了使教材中例1"选言推理"与数独更好地衔接，而并且键在于讲明表格中的行与列交叉的点的推理思想，故将教材设计成引出表格法推理的思想，也便于教师把握方向。

【教学建议】

采用微课的形式，将本节课表格中的行与列交叉的点的推理思想在微课中向学生介绍，再通过学生不断的语言表达体验，注重学生有条理地阐述推理过程，培养学生语言叙述的能力。

第三课时 3×3数独

【编写意图】

本课教材是基于"表格法推理"的基础上进行创编，通过几个小朋友想象、创造将表格改变成数独的雏形，再解决表格中 A 的游戏，使学生的思维有所提升。

【教学建议】

为了能够让学生更清楚的表达表格中某一个格，采用微课的形式，向学生介绍如何去表达以及介绍数独的起源，而本节课的重点在于让学生的思维得到提升，所以，在教学时不要忙于让学生去解决表格中的 A 是几，而是让学生能够找到突破口，即第一次能填出哪几个数。

第四课时　4×4数独

【编写意图】

本课教材在深化"3×3数独"的基础上，强化寻找突破口的方法，即只要行和列上出现三个不同的数，就能推理出空格数，使学生的思维呈现多维。

【教学建议】

本课教学也采用微课的形式，重难点在于让学生通过观察、思考、交流等体验，找到突破口的方法，就是引导学生去找行和列上出现三个不同的数，使学生体会到用推理解决问题的一般思路。

第五课时　四宫格数独

【编写意图】

本课教材是让学生在了解了数独游戏的规则和常用名词后，在学生原有经验的基础上，全面观察线索，寻找突破口，即只要行、列和宫出现三个不同的数，这样，使学生思维更多维，解决数独游戏更简单。

【教学建议】

本课先采用微课的形式，让学生对于"宫"有所了解；针对例1解法指导，让学生观察，二宫内有1和3，那么缺少数字2和4，由于B2是2，根据数独游戏的规则，同行内不能出现相同的数字，所以B3的位置不能出现2，只能填4。这样二宫内就剩下A4这一空格，在A4中填入2。

第七课时　六角数独

【编写意图】

本课教材是学生经过了认识数独这一单元的学习之后，是数

34

独变形中的第一次改变，与四宫数独相比，六角数独是在同一线上填"1~4"4个数字，但形状上发生了变化，不再是4×4的正方形，而变成了正六角形，给二年级的学生视觉上一个创新，激发学生想去挑战的欲望。

【教学建议】

六角数独与四宫数独相比，虽然填的数字仍是"1~4"4个数字，并且只要同一线上不重复，内容看似比四宫数独简单，但由于已知的数字较少，从一定程度也给学生增加了难度。教师可以从"同一线上不重复"为出发点，引导学生思考解决问题的"突破口"在哪？这就必须要让学生运用行、列交叉的二维思维，找到交叉点在哪，从而快速进行解答，提高学生的二维思维力。

第八课时　雪花数独

【编写意图】

本课教材是数独变形中的第二次改变，为了增加趣味性，由原来的正六角形变成了美丽的雪花花瓣，知识点与六角数独相比，难度增加了，符合知识体系螺旋上升的发展规律，形状变得更受二年级学生的喜欢，促使学生想去尝试的欲望。

【教学建议】

针对例题解法指导，可以引导学生先观察行，如A行有2、3、4，一宫内有5，4列与A行相交叉的地方填5，同理，C行与1列交叉的地方也可填5，因为A行有2，故B行与1列交叉的地方填2，那么，1列剩余的那个空填6，像这样，引导学生去寻找突破口，从而解决雪花数独问题，促进学生思维发展。

第十课时 六宫格数独

【编写意图】

本课教材是根据学生的认知规律以及整体教材的螺旋递进的基础上创编的，与四宫数独相比，填写的数字数量增加了，盘面也加大了，但运用排除法是观察和解数独题的一个重要的思路，使六宫数独变得简单，也使学生思维提升的更快。

【教学建议】

针对例题解法指导，可以引导学生先观察数字 1，一宫和五宫内都有已知数 1，根据数独的规则，他们出现的 1 列和 3 列中其他格内不能再出现 1，所以在三宫中 C3、D1、D3 都不能填入 1，而三宫中必须出现 1，那么 1 只能填在三宫的 D2 中。像这样的方法，我们称它为排除法。以此类推，使六宫数独更加简单。

第十二课时 锯齿数独

【编写意图】

本课教材是学生经过了四宫数独、六宫数独的学习之后，是数独变形中的又一次改变，与六宫数独相比，数字由"1～6"6 个数字增加到"1～7"7 个数字，而宫的形状体现了趣味性，内容符合知识发展的规律，再次强化解题思路，激发学生学习的兴趣。

【教学建议】

锯齿数独的"宫"的形状有所变化，但解法还是一样，所以，教师在教学时，引导学生运用排除法去观察，如：G 行有数字 2、4、5、7，三个空格可以填 1、3、6，而 2 列和 3 列都出现了 6，根据数独的规则，每个数字在每一行、每一列中只能出现一次，那么 G4 只能是 6，像这样的方法我们称为余三数法，如果余一数或二数，那我们就称为唯一数法和余二数法，运用选择剩余数字再填数的方法，提高了学生的思维以及观察力，不仅易于观察，而且便于操作。

第十四课时 九宫格数独

【编写意图】

本课教材是学生经过了四宫数独、六宫数独以及变形数独的学习之后，创编在数独中最常见的、出现频率最高的九宫数独，是前面内容的延续，也是解题思路的延续，让学生用较容易理解的方式解已知数字比较多的九宫数独。

【教学建议】

针对例题解法指导，可以引导学生先观察不同数字最多的行、列，如：B 行有数字 1、3、5、6、8，2 列有数字 2、3、8、9，根据数独的规则，每个数字在每一行、每一列中只能出现一次，那么 C2 可以是 4、7，再通过观察宫，我们发现一宫内有数字 1、2、3、4，所以 C2 是 7。运用行、列、宫排除法，对解决数独起到很好的效果，既让学生在趣味中体验什么是推理的过程，又能感受推理的重要作用。

第十六课时 较复杂推理应用（一）

【编写意图】

本节课内容是在简单推理应用的基础上根据生活中的实际情况创编的，"推理思想"是一种重要的逻辑思维方式，是数学学习所必需的知识，也是人们生活中较常用的思维方法，在生活中有着广泛的应用。本单元将相关的几个推理问题组合到一起构成一个独立的学习版块，本课教材是推理思想在生活中运用的第一类型题目"比一比""谁最高，谁最矮?""谁最重，谁最轻?"

这些推理问题为学生们所熟识，生活味浓郁，使学生学得更开心。

【教学建议】

为了使已知条件能呈现得更清晰，学生对信息能看得更清楚，老师可以引导学生利用表格进行整理，同时，也能让其他人看得更明白。让多个学生叙述推理过程，在黑板上展示推理的过程，体现表格的优越性在确定一项的同时，就否定了其他的几项，将确认与排除交替进行，帮助学生掌握最优化的解题方法。

第十七课时　较复杂推理应用（二）

【编写意图】

本节课内容是推理思想在生活中运用的第二类型题目，根据多个条应的职业。与上节课内容相比，教材仍立足于学生认知发展水平，在设计问题时因为面对的是二年级的学生，所以难度不是很大，直接就能得到一个可以直接判断的条件，学生只要找准关键信息，就能较为轻松地推理出其他相关结论。

【教学建议】

教材中提出用列表法进行推理，即"数独思想"在生活中的应用，但光靠一张表是无法解决问题的，这就需要教师适时引导再加入一张表，结合两张来解决问题，例题中已给出一张表，根据信息，能得出小李是农民，教师让学生再次分析条件，列出职业与年龄的一张表，根据，农民比教师年龄大，而农民比小张年龄小，就可以得出工人年龄最大，教师年龄最小，从而得到小张是工人，小王是教师，让学生体会逻辑推理在生活中的应用价值，并学习掌握简单的逻辑推理方法。

第十八课时　较复杂推理应用（三）

【编写意图】

本节课内容是推理思想在生活中运用的第三类型题目，根据多个条件，解决多个问题。与上节课内容相比，难度有所增加，让学生亲身经历对现实生活中实际问题判断的过程，锻炼学生的逻辑推理能力。

【教学建议】

二年级的学生已具有初步的分析能力和探究意识，但因年龄小，爱玩好动，具体形象思维占主体。同时，继续对上节课利用两张表的方法，根据师生间互动、生生间互动，引导学生运用自主探究、合作交流等方式进行学习，多方位地调动学生学习兴趣，让学生体会逻辑推理在生活中的应用价值。

下　篇　课程实施

1. 课堂实录

《列表法推理》教学实录

教学内容： 二下列表法推理（自编拓展课程教材）

施教学生： 二年级下册的学生

执教教师： 柯桥区柯岩中心小学　李国娟

教学目标：

1. 初步学习用表格法进行推理。

2. 通过对表格行与列的描述，帮助学生有条理地进行推理叙述，培养学生有序思考，进行"唯一"推断。

教学重点： 学习用表格法进行推理，进行有序思考推理。

教学难点： 对表格行与列的描述，进行有序推理。

教学过程：

一、游戏导入，揭示主题

师：我们一起做一个游戏：猜一猜。先轻轻地读题目。

生（齐读）：有语文、数学两门学科，李老师和方老师各上一门学科。

师：李老师不上语文课，猜一猜方老师上什么课？

生：方老师上语文课。

师：为什么？

生：因为李老师不上语文课，所以方老师上语文课。

师：嗯，说得真好，能用上"因为……所以……"了。你也能说一说吗？同桌两个试试看！

（学生互相说一说）

师：谁愿意和大家一起来分享？

生：因为李老师不上语文课，所以方老师一定上语文课。

师：谁再来？

生2：因为李老师不上语文课，所以李老师就上语文课。

师：因为李老师不上语文课，我们知道了方老师上语文课，李老师上数学课这两个结论。

师：题目中有许多已知的信息，李老师把他们用红色表示出来。这么多的已知信息，经过我们二（4）班的努力、思考、想象，知道了好几个结果，这个过程我们就把它称之为"推理"。一起读——

生："推理"。

师：刚才两个小朋友商量分享的这个过程，是用语言描述推理的过程。有一种很奇妙的方法，也可以表示推理的过程，大家想不想学？

生：想。

师：好，让我们一起走进微课。

二、新授知识

1. 微课铺垫。（微课内容:）

师：小朋友们，上面这段话中的信息，可以用这样的方式摘录下来：有两门学科，语文和数学，有两位老师分别是李老师和方老师。然后再添上一些横的线，再添上一些竖的线，这样就变成了一张表格。让我们仔细观察这张表格，横的一排叫行，这里有两行，第一行反应李老师上语文、数学课的情况，第二行反映方老师上语文、数学的情况。竖的一排叫列，第一列反应两位老师上语文课的情况，第二列反应两位老师上数学课的情况。现在还有李老师不上语文课这个信息没有在表格中反映出来，那么怎样反应呢？我们把李老师这一行，再找到语文这一列交叉的地方打个×，从李老师这一行可以看出：李老师不上语文课，那么李老师就上数学课，在这一行，数学课的这一列交叉的地方打个钩，同样的道理，方老师这一行，语文这一列交叉的地方应该打钩，说明方老师上语文课不上数学课，在方老师这一行数学这一列打个×。刚才我们通过表格清晰地看到了李老师不上语文课，上数学课；方老师上语文课不上数学课这样的一个推理过程因为它能够把已知信息、推理的过程还有推理的结果清晰地反映出来，小朋友们你喜欢吗？

2. 利用行、列，不断操练有序的推理过程

师：小朋友们你喜欢吗？

生：喜欢。

师：在整个微课中，你听明白了哪些？四人小组里先交流一下。(学生交流讨论)

师：谁愿意做小老师，到黑板上表示出来？

生1：李老师不上语文课，就在李老师这一行，语文课这一列交叉的地方打个×。(做横竖手势)

师：我们一起来做，李老师这一行，语文课这一列交叉的地方打个×。(集体做)

生2：李老师不上语文课，就在李老师这一行，数学课这一列交叉的地方打个"√"。

师生一齐用手势说。

	语文	数学
李老师	×	√
方老师		

师：根据表格，你还能说出其他推理过程吗？

生3：方老师这一行语文这一列交叉的地方打√，说明方老师上语文课，方老师这一行，数学这一列交叉的地方打×，说明方老师不上数学课。

师：说得太好了，我们学着他的样子也来说一遍。

师生一齐带上手势说。

3. 感受表格法的优点

师：我们发现从表格当中可以看出：李老师不上语文，上数学。方老师上语文课，不上数学课（用手势比划）。用语言表述推理与利用表格来推理，有什么不一样？

生1：我懂了很多。

生2：我觉得表格法看起来很简单，学得很轻松。

师：用表格来推理确实简洁明了。根据表格，我们还可以这样说：李老师不上语文课，我们可以推理出李老师上数学课。李老师不上语文课我们还可以推理出方老师上语文课。（配合手势）

生：齐声说。（配合手势）

4. 出示例题1，通过对已知信息，未知信息的分析，逐一解题

师：有了表格，我们能清楚明白地表示出推理结果。我们改变一下已知信息，你也能做吗？

有语文、数序和品德与生活三本书，下面三人各拿一本，小红拿

的不是语文书，小丽拿的不是数学书。小刚拿的是什么书？小丽呢？

师：哪些是已知信息？

生1：小红说："我拿的是语文书。"小丽说："我拿的不是数学书。"

生2：有语文、数学、品德与生活三本书。三人各拿一本。

师：两位小朋友把所有已知信息都找出来了，你能解决题目中的问题吗？在草稿纸上大胆地尝试一下，把你想到的写一写、画一画。

生：李老师我可以画表格吗？

师：可以啊。

生：这表格和原来的表格差不多，只是在原来的基础上多了一行，列也多一列。

师：是啊，就是在原来的表格中多一行，多一列，等会你就有机会和更多的小朋友一起学习，你可以拿着你的作品跟你要好的朋友观赏观赏，交流交流。

师：李老师想请我们小朋友把你的推理过程讲给大家听，谁愿意做小老师？

生1：小红拿的是语文书，可以推理出小红不拿数学书和品德书。

生2：小红拿的是语文书，我可以推理出小丽和小刚都不拿语文书。

	语文	数学	品德与生活
小红	√	×	×
小丽	×		
小刚	×		

师：有序的思考，可以让我们学得更好。我们知道小红拿的是语文书，推理出了许多个结果，真棒！

生1：小丽说我拿的不是数学书，所以推理出小丽拿的是品德书。

生2：小丽不拿数学书，推理出小刚只能拿数学书。

	语文	数学	品德与生活
小红	√	×	×
小丽	×	×	√
小刚	×	√	×

师：这么长的一段话，这么多信息，都在表格中反映出来了！我们一起合作，我做手势，你来说推理过程，好吗？

三、课堂总结：

师：像这样有序地思考，我们把所有的结论都反应在了表格中，这就是今天我们学的用"列表法"推理。你觉得这样的方式有什么优点？（同桌交流）

生1：轻松。

生2：明白，清楚。

生3：简便。

四、作业布置：

丹丹、红红和玲玲三个小朋友身高不同，玲玲说："我不是最高的。"红红说："我不是最高的也不是最矮的。"她们三个人谁最高？谁最矮？

师：出现了几个人物？一个最高，一个中等、一个矮。带着三个人物的身高和我们刚才学到的经验，请把题目去做一做。

教学反思：

李国娟于 2017. 2. 20 第一节在二（1）班上课。

"听力游戏"要修改

以"听力游戏"作为课堂预热：有语文、数学两门课，李、方两位老师各上一门课，李老师不上语文课，你听明白了什么？同桌互议，全班交流……在交流现场由于语句较长，一部分学生说不全，还有一部分学生参与很少。将此环节修改成：所有信息打印出来，并放上李、方两位老师的卡通画，将主题改为"猜一猜，两位老师各上什么课？""为什么？"一方面画面吸引人，另一方面还可以用"因为……所以……"进行训练。是否适合，明白于课堂，尝试之后再说话。

李国娟于 2017. 2. 20 第二节在二（2）班上课。

"微课"之后讨论问题切口要小

课堂引进微课，学生观看完之后讨论的问题是你听明白了什么或你弄懂了什么？题目是开放的，但对于二年级的学生来说，第一次接触"微课"教学形式。四人小组内讨论交流时，要达到人人参与。若将问题切口改小为：（1）你知道行和列了吗？可以用手语辅助理解；（2）请你找一找李老师这一行语文这一列交叉的地方……讨论的问题切口改小，更有利于学生的参与，也更有利于对知识的理解，方法的掌握。

李国娟于 2017.2.21 第一节在二（3）班上课，赵艳放老师听课。

感受列表法的优势

将所有已知信息与推理结果呈现在一张表上时，再让学生看看表中信息，进行交流时，就很方便了，如：李老师不上语文课；就上数学课；也可以知道方老师上语文课，无形之中将行与列"二维"思维渗透在这里面了；并且感受到了信息与结论的清楚、明白又简洁。让所有学生眼前一亮，立马喜欢上了"表格法"推理。表格呈现信息形象、直观，为培养学生捕捉信息的能力以及语言表达能力都带来便捷。

	语文	数学
李老师	×	√
方老师	√	×

李国娟于 2017.2.22 第一节在二（4）班上录像课。
行与列带来的延伸

由于表格中找行与列以及行与列交叉的"格子"的学习经验，为将来的"用数对确定位置"的学习打下伏笔……课堂展开顺理成章。课后，十分纠结，能否将"数轴"以及"用数对确定位置"作为拓展课内容放入进去，将知识形成纵向的一个系列："行与列→数轴→数对"，但又觉得对二年级的学生来说太难了……

《列表法推理》教学实录

教学内容：二下列表法推理（自编拓展课程教材）

施教学生：二年级下册的学生

执教教师：柯桥区柯岩中心小学　戴华芳

教学目标：

1. 初步学习用表格法进行推理。

2. 通过对表格行与列的描述，帮助学生有条理地进行推理叙述，培养学生有序思考，进行"唯一"推断。

教学重点：学习用表格法进行推理，进行有序思考推理。

教学难点：对表格行与列的描述，进行有序推理。

教学过程：

一、游戏导入，直切主题：

师：小朋友你们喜欢做游戏吗？好，我们来做一个"猜一猜的游戏"请大家轻轻地读题目，预备开始！

生（齐读）：有语文、数学两门学科，李老师和方老师各上一门学科。

师：李老师不上语文课，猜一猜方老师上什么课？

生1：方老师上语文课。

生2：李老师上数学课。

师：嗯，回答的真不错，那么谁能用"因为……所以——"来说一说刚才的分析答案呢？

生1：因为李老师不上语文课，所以方老师上语文课。

师：嗯，说得真好，谁愿意再来说一遍。

生2：因为李老师不上语文课，所以方老师就上语文课。

生3：因为李老师不上语文课，所以李老师就上数学课。

师：孩子们能用"因为……所以……"说一说吗？来，同桌两个小朋友说说试试看！（学生互相说一说）

师：嗯，好谁愿意和大家一起来分享？声音响亮。

生1：因为李老师不上语文课，所以方老师一定上语文课。

师：谁再来？

生2：因为李老师不上语文课，所以李老师就上数学课。

师：因为李老师不上语文课，那么李老师上数学课。因为李老师不上语文课，所以方老师一定上语文课。也就是我们通过一个信息可以知道两个结论。对吧？孩子们刚刚我们通过商量，知道了这么多的信息，所有的这些信息可以称之为已知信息，老师把它用红色来表示，现在轻轻地有节奏地把这些所有的已知信息读一读，好不好？有语文、数学两门学科……（用这样的节奏）

生：（再读题）有语文、数学两门学科，李老师和方老师各上一门学科，李老师不上语文课……

师：这么多的已知信息，经过我们的努力、思考、想象、知道了好几个结果，这个过程我们就把它称之为"推理"。这就是今天我们要研究的主题，请大家美美地读一读题目：

生："推理"。（生读题）

师：刚才同桌两个小朋友商量分享的这个过程，是用语言描述推理过程。但是有一种很奇妙的方法摆在我们面前，也可以表示推理的过程，大家想不想学？

生：想。

师：好，让我们一起走进微课。

三、新授知识

1. 微课铺垫

师：小朋友们，上面这段话中的信息，可以用这样的方式摘录下来：有两门学科，语文和数学，有两位老师李老师和方老师。然后再添上一些横的线，再添上一些竖的线，这样就变成了一张表格。让我们仔细观察这张表格，横的一排叫行，这里有两行，第一行反映李老师上语文数学课的情况，第二行反映方老师上语文数学的情况。竖的一排叫列，第一列反映两位老师上语文课的情况，第二列反映两位老师上数学课的情况。现在还有李老师不上语文课这个信息没有在表格中反映出来，那么该怎样反映呢？我们把李老师这一行，再找到语文这一列交叉的地方打个×，从李老师这一行可以看出：李老师不上语文课，那么李老师就上数学课，在这一行，数学课的这一列交叉的地方打个钩，同样的道理，方老师这一行，语文这一列交叉的地方应该打钩，同时说明方老师上语文课不上数学课，在方老师这一行数学这一列打个×。刚才我们通过表格清晰地看到了李老师不上语文课，上数学课。方老师上语文课不上数学课这样的一个推理过程，真的让我们感受到表格推理是一种很好的方法，因为它能够把已知信息、推理的过程还有推理的结果清晰地反映出来小朋友们你喜欢吗？

2. 将微课中出现的行、列等的知识点再次巩固

师：小朋友们看完视频了吗？请大家思考以下几个问题：

1. 微课中老师给我们带来了哪个推理方法？

2. 什么叫作行？什么叫作列？（你能用手势来做一做吗？）

3. 在微课的这张表格中有几行？几列？

4. 行和列交叉的地方都有些什么？

请大家静静地思考2分钟，然后回答老师的问题。

生1：在微课中老师带给我们的推理方法是"表格推理法"。

师：你观察得真仔细，大家喜欢这个推理方法吗？

生：喜欢。

生2：我想回答第二个问题，横的叫作行，竖的叫作列。（边说边用手势表示）

师：你不仅说得好，而且你的手势也配合得很好，请大家跟随她一起来说一说，做一做哦，起……

生3：这张表格中有2行，2列。

生4：行和列交叉的地方有"√""×"。

师：是的行列交叉的地方有"√""×"这些标记符号，那么你知道这些标记符号都表示什么意思吗？请在四人小组里先交流一下。（学生交流讨论）

	语文	数学
李老师	×	√
方老师	√	×

师：好，谁愿意做小老师？把在微课当中你听明白的、搞懂的到黑板上表示出来？

生1：李老师不上语文课，就在李老师这一行，语文课这一列交叉的地方打个"×"。（做手势）

师：我们一起来做做手势，李老师这一行，语文课这一列交叉的地方打个×。（集体跟着复述）

生2：李老师不上语文课，就在李老师这一行，数学课这一列交叉的地方打个"√"。

师：两位小老师说完后，我们一起来复述并做做手势：李老师不上语文课，就在李老师这一行，语文课这一列交叉的地方打个×，李老师不上语文课，就在李老师这一行，数学课这一列交叉的地方打个"√"。

师：还有另外的想法吗？还有补充的吗？你来说一说。

生3：李老师不上语文课，就在方老师这一行，语文这一列交叉的地方打个"√"，方老师上语文课，就在方老师这一行，数学这一列交叉的地方打个"×"。

师：嗯！小朋友还能边说边用手势表示，真不错。谢谢小老师，谁愿意再来说一说？

师：这次我点你说，好吗？

生：李老师这一行，语文这一列交叉的地方打个"×"，说明李老师不上语文课。李老师这一行数学这一列交叉的地方打"√"说明李老师上数学课。方老师这一行语文这一列交叉的地方打"√"说明方老师上语文课，方老师这一行，数学这一列交叉的地方打"×"，说明方老师不上数学课。（教师边点，边帮孩子补充完整描述的句子）

3. 提出表格法的优点，让孩子们说想法和感受。

师：经过孩子们的努力，我们也听明白了在表格当中可以看出（准备手势）：李老师不上语文课，上数学课。方老师上语文课，不上数学课。你看看刚才一开始用语言表述和现在看着表格来表述的感觉有什么不一样？

生1：我懂了很多。

生2：很好。

生3：很方便简单，学得很轻松。

师：那么用表格来表示推理的过程好不好？

生：好。

师：嗯，真不错！我们还可以这样说：李老师不上语文课，我们可以推理出李老师上数学课。李老师不上语文课我们可以推理出方老师上语文课。大家齐声说一说。（配合手势）

生（齐声）：李老师不上语文课，我们可以推理出李老师上数学课。李老师不上语文课我们可以推理出方老师上语文课。大家齐声说一说。（配合手势）

4. 出示例题1，通过对已知信息，未知信息的分析，逐一解题

师：有了表格清清楚楚，明明白白，那么如果说这些信息我们稍稍地改变一下甚至多一点你们还会做吗？仔细地看例题。

师：我请小朋友有节奏地来读一读题目。

生：有语文、数学和品德与生活三本书，下面三人各拿一本，小刚拿的是什么书？小丽呢？

师：如果全面观察画面的话，谁还有补充？

生：小红拿的不是语文书，小丽拿的不是数学书。

师：从这些信息中你们知道哪些是已知信息吗？要解决的问题有几个？（同桌两人商量一下）

生：有语文、数学、品德与生活三本书。三人各拿一本。小红拿的是语文书。小丽拿的不是数学书。

师：要解决的问题有几个？

生：两个。

师：所以除了要解决的两个问题之外其他的所有这些都是已

知信息。谁再来把已知信息美美地读一读？

生：小红说："我拿的是语文书。"小丽说："我拿的不是数学书。"

师：除了这两个已知信息还有哪些呢？谁来补充？

生：有语文、数学、品德与生活三本书。三人各拿一本。

师：两位小朋友的回答合在一起就把所有的已知信息都找出来了，要解决的问题是几个？你能解决吗？想好了准备用什么方法？好，在草稿纸上大胆地尝试一下把你想到的写一写、画一画。

生：老师我可以画表格吗？

师：可以啊。

生：这表格和原来的表格差不多，只是在原来的基础上多了一行。

师：还有哪些变化？

生：列也多一列。

师：是啊，就是在原来的表格中多一行、多一列啊，等会你就有机会和更多的小朋友一起学习，你可以拿着你的作品跟你要好的朋友观赏观赏、交流交流。

戴华芳老师教学《列表法推理》

师：大家都好了吗？利用我们小朋友的智慧，老师还是要让我们小朋友上台把明白了的和大家来分享，谁愿意第一个做小老师？

	语文	数学	品德与生活
小红	√	×	×
小丽	×	×	√
小刚	×	√	×

生1：小红拿的是语文书，可以推理出小红不拿数学书和品德书。

师：这句话说得真好，掌声鼓励。

生2：小红拿的是语文书，推理出小丽和小刚都不拿语文书。

师：有序的思考，可以让我们学得更好。我们知道小红拿的是语文书，推理出了许多个结果，好不好啊？

生3：小丽说拿的不是数学书，所以推理出小丽拿的是品德书。

生4：小丽不拿数学书，推理出小刚只能拿数学书。

师：这么长的一段话，这么多信息，都在表格中反映出来，好，那么老师考考第二组的同学，我点，你们一起来说？

老师点小朋友说。（单个上来）

小朋友点老师说。（单个上来）

师：等会我们小朋友一起做游戏的时候就一个点，一个说，如果认为表格不是很完美的同学可以稍稍休整一下。（同桌相互交流说一说）

师：好，小朋友停下来，请小朋友到讲台上来和大家互动一下。

四、课堂总结

师：这样的有序的思考，把所有的结论都反应在了表格中，我们学会了用"表格"的方法推理。这样的方式好吗？有哪些优点？（同桌交流）

生1：轻松。

生2：明白，清楚。

生3：简便。

五、作业布置

丹丹、红红和玲玲三个小朋友身高不同，玲玲说："我不是最高的。"红红说："我不是最高的也不是最矮的。"她们三个人谁最高？谁最矮？

师：出现几个人物？他们在干什么？一个最高、一个中等、一个矮。带着三个人物的身高和我们刚才学到的经验，请小朋友回到教室把这个题题目去做一做。

教学反思：

戴华芳于 2017. 4. 25 日在柯岩中心小学三楼大会议室上课。

列表法推理是"趣味数独"系列课程的第一课，本拓展课程的研发，源起于二下数学广角的"推理"：二下教材把例1的"选言推理"和例2的"数独"放在了一起，因为两者不是孤立存在的，而是紧密相连的。然而在采访调查一线教师的现实教学中，我们发现老师们往往把两者孤立开来进行教学，所以学生的思维是支离破碎的，无法举一反三。如何将两者打通？最好的办法就是利用"表格推理法",在表格中我们可以清楚、明白地反映结果。"表格推理"法更是把选言推理的弊端性降低到了最低程度。课堂上孩子们利用表格能够把已知信息、推理的过程、推理的结果,有调理性地诉说出来,整个课堂气氛活跃有序,许多学生能在表格的"助力"下纷纷上台讲解,展现自我。

"微课"的导入是本课的一个亮点,如何在信息技术高度发展的今天把高超的信息技术带入我们的"课堂",成了新课改的一个重要征程。本课教学中,我引入了微课,让同学通过观看一段视频,思考几个相关视频的问题,顺势导入今天的教学内容,形式新颖,吸引了学生的眼球。"兴趣是最好的老师"学生将观看视频的"兴趣"内化为了研究的动力,学习主动性油然而生。在观看过程中学生一个个都聚精会神,播放结束后,安排小组合作交流,并通过自我探索将知识运用于实践。这些"自学""交流合作""知识运用"等活动,无不体现了核心素养中的"学会学习""科学精神""实践创新"能力的培养。

当然在教学中,有些地方还是要不断斟酌与改进:

1. 学会优化数学课堂语言:

数学的课堂应体现简洁性,在教学中语言的精炼性亟待改进,重复性语言较多。

2. 多关注学生的课堂表现,静待花开:

在教学中,我应该多关注孩子们的思维,多让孩子说一说,多让他们去表达他们的数学想法,学会聆听学生的内心。

总之,自己将在今后的教学中不断总结改进,让学生在课堂上获得更多的体验和感受,在知识、情感、态度、能力等各方面得到更多的提升和锻炼。

《3×3 数独》教学实录

教学内容： 二下自编教材——3×3 数独

施教学生： 二年级下册的学生

执教教师： 柯桥区柯岩中心小学 李国娟

教学目标：

1. 初步学习用数独法进行推理，获得一些简单推理的经验。

2. 通过对空格行与列的描述，找到第一次能解决的空格即解题的突破口，培养学生有顺序、全面的思考能力。

教学重点： 学习用数独法进行推理，进行有序思考推理。

教学难点： 数独法推理依据的叙述，进行有序思考推理。

教学过程：

一、复习导入

1. 复习表格法

教师在 PPT 上出示表格：每人各拿一本书。

	语文	数学	品德与生活
小红	√	×	×
小丽	×	×	√
小刚	×	√	×

师：这张表格是我们上节课一起研究的成果，仔细观察这张表格，你能观察到哪些信息或结论？同桌间相互说一说。

师：谁愿意第一个大声地和全班小朋友分享？

生1：小红拿语文书，不拿数学书和品德书。

59

师：你已经观察到了小红拿语文书，哪里观察到的？

生1：这里有个"√"。

师：小红这一行，语文第一列，交叉的地方看到有个"√"，所以小红拿语文书。那小丽呢？小丽拿什么书？

生1：小丽拿的是品德与生活书。

师：你怎样看到的？

生1：因为小丽不拿数学书，也不拿语文书，所以她拿的是品德与生活。

师：你在用"因为……所以……"说话，上节课学得很扎实。

师：小丽这一行，品德与生活这一列交叉的地方你看到了什么？

生2：一个"√"。

师：那么小刚呢？请你说。

生3：小刚拿的是数学书。

师：你怎么看到了？

生3：因为小刚这一行，数学这一列，交叉的地方打了个"√"。

师：在表格中看到了小红、小丽、小刚各拿一本书，也就是研究这一个问题的时候，题目当中就要求我们这样做的，对吧。

2. 复习表格法推理的方法

师：二（3）班的孩子真聪明，把小红、小丽、小刚各拿一本书观察出来了，其他你还能观察出什么？刚才有个孩子说，要紧紧抓住小红拿了语文书，这一个信息。知道了这个信息就可以推理出什么？

生1：就可以推理出小红不拿数学书，也不拿品德与生活。

师：也可以推理出什么？

生2：也可以推理出小红拿了语文书，小丽，小刚就不拿语文书了。

生（齐）：小红拿语文书可以推理出小红不拿数学书和品德与生活书，小红拿语文书，可以推理出小丽和小刚就不拿语文书了。

师：上一节课的内容我们学得很扎实，这是由小红拿语文书一个已知信息推理出来的，大家还知道第二个已知信息是小丽不拿数学书，语文书也不拿，所以推理出小丽是拿品德与生活书。

师：因为小红不拿数学，小丽不拿数学，两个已知信息同样能够推理出小刚拿数学书。若第三行第三列交叉的地方是空格，该怎样推理？

二、新授知识

1. 初步感知数独，揭示主题

师：有位优秀的孩子很会创新，他把这张表格修改了一下，你们想看吗？

PPT 出示表格：

师：创新的孩子把表格修改成这个样子的时候，你看到了什么？同桌商量一下。

生1：我发现只有表格和"√""×"。

师：我们看到的是钩钩、叉叉这些标记符号。除了标记符号，还看到了一个一个的方格。如果说我们继续创造，一直把所有的标记符号都删掉，那么剩下什么？

生2：格子。

师：所有的空格。孩子们，空格是好事情啊，它可以带给我们很广的创造空间。你想要什么，就会有什么。如果我们给他们标上一些神奇的数字（板书"数"），这些数字有规矩，每行每列都只出现一次（板书"数独"）。如果是这样的话，我们就可以训练自己的思维了。想不想尝试一下？

生：数独。

师生：那你知道数独的意思了吗？趣味的数字，每行每列都只能出现一次，这就是"独"的意思——数独。

师：孩子们，让我们一起走进数独。

2. 出示例题，学生尝试数独法推理

师：孩子们，这里的空格一共有几格？

生：9格。

师：9格是怎样发现的？

生：3行、3列。三三得九。

师：放上一些趣味数字，而这些数字有这样的要求。

1		3
	A	
		2

生：上表中，每行、每列都有1~3这三个数，并且每个数在每行、每列都只出现一次。A应该是几？

师：孩子们，不要急于做题目，我们要养成好的习惯——思考。第一次应抓住哪个空格？你准备从哪里下手？为什么？

师：前后四人小组内把你的想法说一说。（学生讨论2~3分

钟）

3. 学生交流想法

师：谁愿意上来做小老师说一说？

生 1：这个。（第一行与第二列交叉的空格）

师：有多少孩子跟他想法一致的？

师：为什么先确定这个空格？你确定这个空格的原因是？

生 1：这里 3 有了，2 也有了，所以这个格子肯定是 1。

师：谁听明白了？红衣服的女孩子你说。

生 2：这一列已经有 3 和 2，还缺一个 1，就可以推理出这个空格是 1。

师：这一列当中已经有了 3、2，就可以推理出空格是 1（板书）。因为每行每列都只能是 1、2、3。还有别的想法吗？除了从这个空格可以开始研究之外，还有没有别的空格可以第一时间开始研究的？

生 1：这个空格。（第二行与第三列交叉的空格）

师：为什么呢？

生 1：因为这一行已经有 1 和 3，还缺一个 2。

师：这个空格抓住了，第一时间还有另外可能吗？

师：三位举手的小老师都上来。

生 1：这里。（第三列与第三行交叉的空格）

师：仔细倾听三位小老师的……

生 1：第一列已有 1、第三行已有 2，所以交叉的空格是 3。

生 2：因为这一行已经有了个 2，这一列已经有了 1，所以这里是 3。（学生移动自己点的空格）

师：慢慢来，这一个空格跟你点的那一列有关吗？它跟哪一列空格有关?

生2：这一列。

师：刚才你换位置了，你感觉你换的位置对不对？

生2：对的。

师：其实这个小老师很聪明的。这里不行，马上把手点到与第一位小老师一致的地方了，说明他们两个的思维在慢慢地靠近。

师：掌声送给二（3）班的小朋友。孩子们，我们已经能把行和列连在一起观察了。咱们边做手势边观察，两个手一起，开始。

生（齐）：这一列已经有1，这一行已经有2，所以这里填3。

师：我想听听二（3）班小朋友的想法，刚刚这个数独出来的时候你在填，现在你又在填，前后两次填写有没有不一样？哪里不一样？

生：简单多了。

师：这个时候比刚才拿到题目的时候要轻松多了，而且也自信多了。

师：这个3，最后填也可以。其实我们来观察一下，这个时候能不能把它填出来？（第二列有2、第二行有1）这个时候也可以填了，这个时候填多少？

生：填3。

师：不管从哪个角度思考，A都填3……

4. 回访数独法推理的过程及方法

师：孩子们，回访刚才的过程，我们是怎样思考的？

生：行和列已有1，2，推理出空格3。

64

生：行已有 1 和 3，推理出空格 2。

生：列已有 2，3，推理出空格 1。

师：那么如果我把这个题目换掉，换成另外的题目，现在你有方法了吗？我们如何去找第一次下手的空格？我们要去找几个数字？

生（齐）：2 个。

师：努力地去找 2 个数字，第 3 个就可以推导出来了。这跟我们第一节课研究的方法是一样的，这个方法好不好？

生：好。

5. 小结：

师：同桌互相说一说，行和列已经有 2 个数字的，可以推导出第 3 个数字。

三、欣赏数独的起源

师：孩子们很用心地在研究，我们来欣赏一下数独的起源。轻轻地、自由地、有节奏地读一读。

出示数独的起源："数独"有一个字是"数"，人们也往往会联想到数学，那就不妨从大家都知道的数学家欧拉说起，但凡想了解数独历史的玩家在网络、书籍中搜索时，共同会提到的就是欧拉的"拉丁方块"。

拉丁方块的规则：每一行、每一列均含 1 - N（N 即盘面的规格），不重复。

师：孩子们，这就是拉丁方块，一块一块的，一共有 9 格。（用手势做做拉丁方块的手势）我们这里的 N 是多少？

生：3。

师：对，这样你知道就可以了，而且要不重复。此时此刻，你对数独从一开始的陌生到现在有没有些变化?

生:有,开始是陌生的,现在稍稍有点熟悉了。

四、巩固练习

师:好,我们带着稍稍熟悉的感觉来看看下面的两个题目。不急着做题目,观察第一次从哪个空格下手,然后再下手。孩子们可以在这个空格里练习,开始吧。

出示题目:下面各表中,每行、每列都有 1~3 这三个数,并且每个数在每行、每列都只出现一次。你能将表格填完整吗?

3	2	
		3

师:可以带着你的作品去找要好的朋友,把你的想法说给朋友听。但是朋友的想法你也要问一问,开始吧。

师:前后的孩子互相说一说自己的想法。

师:孩子们要学会相互之间的欣赏。

五、作业布置

师:不知不觉下课铃声已经响了,还有一个题目留给二(3)班的孩子们,希望你们能思维大碰撞。"数独"会让我们越来越聪明,愿二(3)班的小朋友们越来越聪明!

教学反思：

李国娟于 2017.3.7 第一节在二（2）班上课。

培养学生的归纳能力

通过对怎样找到"突破口"的讨论，以及不断地追问为什么？有学生找到 A2 为突破口。

理由，同一行：已有 1、3→空格"A2"是 2；也有学生找到"B3"为突破口，理由：同一列已有 3、2→空格"B3"是 1；当然，思维特别好的还找到了"C1"为突破口，行和列已有 1、2→"C1"为 3，再安排讨论交流：仔细观察刚才找"突破口"的方法。你有什么发现？在相互碰撞中得到规律：行和列已有 2 个数字，推理空格是（　　）。安排这样的训练，不知不觉训练了学生归纳能力。并且接下来的训练中，学生能自觉地运用刚才的经验，许多学生找到了多个"突破口"，利用行和列已有 2 个数，推理空格是（　　）；题中 6 个空格都可以成为"突破口"，这样解题不仅对而且快；更重要的是学生的思维具有多元性了。

李国娟于 2017.3.8 第一节在二（3）班上课。

将"表格"与"数独"对接

一开课就出示如右下的表格，并要求学生仔细观察表格，提问找到了哪些信息？表格中的小刚拿数学书，三人各拿一本书，与题意吻合；更为等会儿的"每行每列 1～3 只能出现一次"打下伏笔；接着，将第 3 行第 3 列交叉处隐去，可以根据表格中的经验推理出来吗？为什么？为引出："行和列已有 2 个数字，推理空格是（　　）"做好认知上的准备。

	语文	数学	品德
小红	√	×	×
小丽	×	×	√
小刚	×	√	×

第三，将表格"退变"成格子与标记符号再继续"退变"成行和列 9 个空格；如果在空格中填上一些有趣的数字就可以进行思维训练了……在这里完成了"表格"与"数独"组成元素的相通性，都有格、行与列；当然随着课堂的深入，让学生感悟到：解题方法的一致性，即均用"排除法"。真可谓"形似神更似"！

√	×	×
×	×	√
×	√	×

1		3
		2

《3×3 数独》教学实录

教学内容： 二下自编教材——3×3 数独

施教学生： 二年级下册的学生

执教教师： 柯岩中心小学　李迪雷

教学目标：

1. 初步认识"数独"，并能了解"数独"的由来；

2. 通过对空格行与列的描述，找到第一次能解决的空格即解题的突破口，培养学生有顺序地、全面思考的能力；

3. 通过数学游戏，提高学生数学逻辑推理能力，培养学习数学的信心和兴趣；

4. 培养学生全局观念和克服困难、持之以恒的精神，让学生懂得应用解"数独"的思想指导生活。

教学重点：学习用数独法进行推理，进行有序思考推理。

教学难点：数独法推理依据的叙述，进行有序思考推理。

教学过程：

一、复习导入

1. 复习表格法

教师在 PPT 上出示表格：每人各拿一本书。

	语文	数学	品德与生活
小红	√	×	×
小丽	×	×	√
小刚	×	√	×

师：同学们，请大家仔细观察，你得到了哪些信息？同桌间相互说一说，请用上"因为……所以……"。

师：谁愿意第一个大声地和全班小朋友分享？

生1：小红拿语文书。

师：你是怎样看到的？其余同学跟着他的回答做手势。

生1：因为小红这一行，语文这一列，交叉的地方有个"√"，所以小红拿语文书。

师：讲得真不错，掌声送给他。

生2：小丽拿的是品德与生活书。因为小丽这一行，品德与生活这一列，交叉的地方有个"√"，所以小丽拿的是品德与生活书。

生3：小刚拿的是数学书，因为语文书被小红拿走了，品德与生活书被小丽拿走了。

师：大家听明白了吗？为什么小刚拿的是数学书？

生1：因为小红拿了语文书，她不能再拿其他书，所以小红这一行，数学这一列，品德与生活这一列都打上"×"，小丽拿了品德与生活书，她也不能再拿其他书，所以小丽这一行，语文这一列，数学这一列都打上"×"，小红和小丽都不拿数学书，所以我们就推理出小刚拿的是数学书。

师：讲的真好，掌声也送给他。（板书：推理）

师：如果老师把小刚这一行，品德与生活这一列交叉的地方遮起来，你能知道这个地方是什么符号吗？

生4：是"×"。

师：你是怎么知道的？

生4：我们知道每一行都有一个"√"，两个"×"，而小刚这一行已经有了一个"√"和一个"×"，所以遮起来的地方肯定是"×"。

师：是的，这位同学通过观察行已经有一个"√"和一个"×"，他就推理出遮起来的地方肯定是×。

生5：我们也可以观察列，品德与生活这一列已经有了一个"√"和一个"×"，所以遮起来的地方肯定是"×"。

师：说得太好了，我们还可以观察列也能推理出遮起来的地方肯定是"×"，你们发现了吗？

师：同学们的发现真了不起，我们只要知道每一行或每一列中的 2 个符号，就能推理出第 3 个符号。

二、新授知识

1. 初步感知数独，揭示主题

师：有位优秀的孩子很会创新，他把这张表格修改了一下，你想看吗？PPT 出示表格：

师：创新的孩子把表格修改成这个样子的时候，你看到了什么？同桌商量一下。

生 1：我发现只有表格和"√""×"。

师：我们看到的是钩钩、叉叉这些标记符号。除了标记符号，还看到了一个一个的方格。如果说我们继续创造，一直把所有的标记符号都删掉，那么就剩下什么？

生 2：格子。

师：所有的空格。孩子们，空格是好事情啊，它可以带给我们很广的创造空间。你想要什么，就会有什么。如果我们给他们标上一些神奇的数字（板书"数"），这些数字有规矩，每行每列都只出现一次（板书"数独"）。如果是这样的话，我们就可以训练自己的思维了。想不想尝试一下。

生：数独。

师生：那你知道数独的意思了吗？趣味的数字，每行每列都只能出现一次，这就是"独"的意思——数独。

师：孩子们，让我们一起走进数独。

3. 出示例题，学生尝试数独法推理

师：孩子们，这里的空格一共有几格？

生：9格。

师：9格是怎样发现的？

生：3行、3列。三三得九。

师：放上一些趣味数字，而这些数字有这样的要求。

生：上表中，每行、每列都有1~3这三个数，并且每个数在每行、每列都只出现一次。A应该是几？

师：孩子们，不要急于做题目，我们要养成好的习惯——思考。第一次你能填出哪些空格？为什么？

师：前后四人小组内把你的想法说一说。（学生讨论2~3分钟）

3. 学生交流想法

师：谁愿意上来做小老师说一说？

生1：这个。（第一行与第二列交叉的空格）

师：有多少孩子跟他想法一致的？

师：说说你是怎么推理的？

生1：这里3有了，1也有了，所以这个格子肯定是2。

师：谁听明白了？第3组的小男生你说。

生2：这一行已经有1和3，还缺一个2，就可以推理出这个空格是2。

师：这一行当中已经有了1、3，就可以推理出空格是2（板书）。因为每行每列都只能是1、2、3。还有别的想法吗？除了能填这个空格之外，第一次还能填其他空格吗？

生3：这个空格。（第二行与第三列交叉的空格）

师：为什么呢？

生3：因为这一列已经有2和3，还缺一个1。

师：还有另外可能吗？

师：那位穿蓝衣服的小老师上来。

生4：这里。（第一列与第三行交叉的空格）

师：仔细倾听这位小老师的话。

生4：第一列已有1，第三行已有2，所以交叉的空格是3。（学生边说边用手势）

师：慢慢来，这一个空格跟你点的哪一列和哪一行有关？

生4：第一列和第三行有关。

师：这个小老师太聪明了，掌声送给他。

师：孩子们，我们已经能把行和列连在一起观察了。咱们边做手势边观察，两个手一起，开始。

生（齐）：这一列已经有1，这一行已经有2，所以推理出这里填3。

师：我想听听二（3）班小朋友，刚刚这个数独出来的时候你在填，现在你又在填，前后两次填写有没有不一样？哪里不一样？

生：简单多了。

师：这个时候比刚才拿到题目的时候要轻松多了，而且也自信多了。

师：这个3，最后填也可以。其实我们来观察一下，这个时候能不能把它填出来？（第二列有2、第二行有1）这个时候填多少？

生：填3。

师：不管从哪个角度思考，A 都填 3……

4. 回访数独法推理的过程及方法

师：孩子们，回访刚才的过程，我们是怎样思考的？

生：行和列已有 1、2，推理出空格是 3。

生：行已有 1 和 3，推理出空格是 2。

生：列已有 2、3，推理出空格是 1。

师：仔细观察、比较，你们发现了什么？

生 1：我们只要找到 2 个数，就能推理出第 3 个数。

生 2：在行中我们已经找到 2 个数，就能推理出第 3 个数。

生 3：在列中我们已经找到 2 个数，就能推理出第 3 个数。

5. 小结：

师：是的，在 3×3 数独中，我们只需要努力地去找有 2 个数的行、列或行和列，这样我们就能快速地推理出第 3 个数了。

三、欣赏数独的起源

师：孩子们很用心地在研究，我们来欣赏一下数独的起源。轻轻地、自由地、有节奏地读一读。

出示数独的起源："数独"有一个字是"数"，人们也往往会联想到数学，那就不妨从大家都知道的数学家欧拉说起，但凡想了解数独历史的玩家在网络、书籍中搜索时，共同会提到的就是欧拉的"拉丁方块"。

拉丁方块的规则：每一行、每一列均含 1－N（N 即盘面的规格），不重复。

师：孩子们，这就是拉丁方块，一块一块的，一共有 9 格。（用手势做做拉丁方块的手势）我们这里的 N 是多少？

生：3。

师：对，这样你知道就可以了，而且要不重复。此时此刻，你对数独从一开始的陌生到现在有没有些变化？

生：有，开始是陌生的，现在稍稍有点熟悉了。

四、巩固练习

师：好，我们带着稍稍熟悉的感觉来看看下面的两个题目。不急着做题目，观察第一次可以填出哪些空格，然后再下手。孩子们可以在这个空格里练习，开始吧。

出示题目：下面各表中，每行、每列都有 1~3 这三个数，并且每个数在每行、每列都只出现一次。你能将表格填完整吗？

1		
	2	
		3

	3	
1	2	

师：可以带着你的作品去找要好的朋友，把你的想法说给朋友听。但是朋友的想法你也要问一问，开始吧。

师：前后的孩子互相说一说自己的想法。

师：孩子们要学会相互之间的欣赏。

五、作业布置

师：不知不觉下课铃声已经响了，老师和大家一起在"数独"的王国中经历思维的碰撞。我相信"数独"会让我们越来越聪明，愿二（6）班的小朋友们越来越聪明！

教学反思：

李迪雷于 2017. 4. 25 第二节在二（6）班上课。

多些耐心，静待花开

本节课对于学生们来说，是接触数独的第一课，是提升学生们思维的关键的一堂课，课中，让学生们去寻找第一次能填哪些空，学生们都想到了填同一行已有 1、3→（推出）空格"A2"是 2，也想到了填同一列已有 3、2→空格"B3"是 1；经过一段时间的等待，终于有一个学生想到了列已有 1，行已

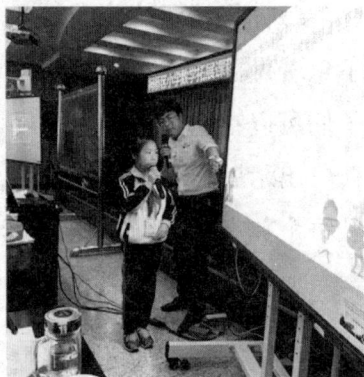

李迪雷老师教学《3×3 数独》

有 2→空格"C1"是 3，打破了原先的一维思维，带领着其他学生的思维飞跃，原来不仅仅只是观察行或列进行推理，还需要行和列一起观察进行推理，每一朵花都有它自己的花期，每个学生也是一样，要想让每一朵花开得更灿烂，就要学会耐心等待。

《4×4 数独》教学实录

教学内容： 二下自编教材——4×4 数独

施教学生： 二年级下册的学生

执教教师： 柯桥区柯岩中心小学　李国娟

教学目标：

1. 学会用数独的"唯一性"特点学习 4×4 四宫数独。

2. 通过对 3×3 数独的旧知复习，顺势导入 4×4 数独，让学生在比较、思考、推理过程中找到四宫数独解题的突破口，从而归纳出解题方法。

3. 培养学生学会合作学习、学会思考、学会展示的能力，提高学生的逻辑能力与口头表达能力。

教学重点：学习用行和列交叉过程中，行和列出现的已知三个数推导出第 4 个未知数，利用"数独"唯一性进行有序思考推理。

教学难点：在比较中总结"数独"解题的突破口。

教学过程：

一、复习旧知，为新授做好铺垫

师：大家一起来回顾（看表格）：请你仔细观察这些数，这里有很多的空格，如果让你解题第一次会找到哪个空格作为突破口？找到的同学可以轻轻地在空格处打个"√"，请你在草稿纸上写一写：

	3	√3
	√1	
√2	2	1

师：第一次思考的空格只用打钩做记号，不用写数字，如果填数字李老师相信你肯定能够把所有的数字填出来。请你思考：为什么找这个空格作为突破口？同桌两个小朋友互相商量一下？

师：谁愿意把刚才讨论的内容与大家一起来分享？

生 1：我先填第二列第二格：因为第 2 列中已有 2、3，所以第二列第 2 格填 1。

生 2：我先填第三行第一个数：因为行中已经有了 1，2，所以这一格填 3。

生 3：我最先填的是第一行最后一个数字：因为行中有 3，列中有1，行和列交叉的地方就填2。

师：他第一次找的是这个空格，行和列已经有了1和3，几个数字？

生：两个。

师：（来一起做手势）：行和列已经有了1和3，那么这一格能不能填1？能不能填3？

生：不能。

师：所以只能填2。

师：掌声表扬，行已经有了3，列已经有1，所以行和列交叉的地方只能填2。

师：行列中已经有了几个数字？

生：2个。

师：（边说边做动作）行和列中已经有了1和3，所以B3这个空格只能填2。

师：老师很喜欢边说边做动作的小朋友哦。（再来一次，看有没有更多的小朋友能边说边做手势）

生（集体说配合手势）：因为这一行有3，这一列有1所以"√"3这个空格只能填2。

师：老师把它写下来：行和列已经有2个数字，所以能推理空格是（　　　）。

师：同桌两个合作：一个点空格，一个说作为突破口的理由。

师：李老师和我们二（3）班小朋友合作一下，李老师点到哪里你就说，我给你记录下来。

生：（手势）行和列已经有3和1，推理空格是（2）。

生：（手势）列已经有了 3 和 2，所以推理"√1"空格是（1）。

生：（手势）行已经有了 1 和 2，所以推理"√2"空格是（3）。

二、新授 4×4 数独

师：数独太有趣了，看黑板：在三行三列的数独中，我们的学习经验是：行和列已经有 2 个数，就可以推理空格是（　　）。

师：也就是我们要拼命地去找已知的几个数字？

生：2 个数字。

师：你就可以把第 3 个数字推理出来对吗？

师：请孩子们充分的想象，如果我们把空格变成这样的：

在下面的方格中，每行每列中有 1~4 个数，并且每个数在每行、每列都只出现一次，B 是几？

师：你们发现空格几个了？

生：16 格。有 4 列 4 行，所以有 16 格。

师：刚才的 3 行 3 列，我们已有的经验是：到行和列去找已经知道的 2 个数字，那么现在我们是 4 行 4 列我们要动手去找已经知道的几个数字？猜一猜？

生：3 个。

师：2 个可不可以？

生：不可以。

师：下面我们就来看你的猜测对不对？方法可用不可用？我们的数独变成了……请读题

31 生：（齐读）：在下列方格中，每行每列都有 1～4 个数，并且每个数在每行每列中只出现一次。B 应该是几？

3	2	√	
√		B	2
			3
1			

师：老师已经把有趣的数填到空格上去了，请问第一次你会找到哪一个空格作为突破口？（独立思考 1 分钟）

师：还是用原先的方法：第一次思考的地方小小地打个√，我只要看你的记号就知道你的思考方向对不对？（思考完后同桌两个交流）

师：请问哪个小老师上来和大家分享？

生 1：我最先填"√1"（A3）。

师：她找到了最多数的行和列，最多数的行和列数字有几个？

生：2 个。

师：（边做动作边看行列）行有几个？列有几个？合在一起共有几个？

生 1：2 个。

师：最多数字的行列已经找到，我们再看，行中有：3、2，列中有 3，那么合起来有几个已知数？

生：只有 2 个。

师：只有两个已知数字 3、2，那么"√1"能填吗？

生：不能。

生 2：我先填（B2）。

生：最多的数字这一列有 1 和 3，这一行有 2。

师：行和列中有1、3、2，那么（B2）可以填?

生：4。

师：现在的表格需要知道行和列几个数字?

生：3个。

师（板书）：行和列中我们要努力地找到3个数字，就可以把空格推理出来啦。

师：再次回顾，归纳：找到最多数字的行和列，再纵横地分析。接着把B填出来，那么接下去的这些空格你会填了吗?

师：小朋友真的太聪明了，大家来交流整张表格的答案：

3	2	4	1
4	3	B	2
2	1	3	4
1	4	2	3

三、举一反三，巩固练习

师：大家再来看老师变魔术：题目仍然是在下列方格中，每行每列都有1~4个数，并且每个数在每行每列中只出现一次。B应该是几?

2	√2		3
B	4		√1
			2

生1：我填"√1"，因为行和列已经有了2、3，4，所以

"√1"只能填（1）。

生2：我填"√2"，因为行和列已经有了2、3、4，所以"√2"只能填（1）。

师：用你的方法快速地把剩下的空格填满。

2	1	4	3
1	2	3	4
B	4	2	1
4	3	1	2

师：把第一填的那个数配合手势与你的同桌再交流一下说一说。

四、课堂小结

师：我们的孩子经过商量、思考、知道了4*4数独的学习经验是：要在数字最多的行和列中找到已有的三个数，再推理出第4个空格。

五、作业布置

在下列方格中，每行每列都有1~4个数，并且每个数在每行每列中只出现一次。请把整张表格填写完整：

		1	
	2		3
	3		

教学反思：

李国娟于 2017.3.14 第一节在二（4）班上课。
让学生经历"迁移"

一上课，经历了"每行每列都只有 1～3，并且每行每列都只出现一次"的解题过程，并运用了解题经验为：每行每列找到已有的 2 个数字，就可以推理空格是（　　　）；

	3	
	2	1

解题的突破口有"B2""C1""A3"其中"A3"的思维含量最高，因为既观察到行又照顾到列，有了这样的解题经验，让我们猜测一下；在行和列该找到几个数字？就可以推理出空格的数。有的猜 2 个，有的猜 3 个，也有的猜 4 个……就让我们填上一些有趣的数字，尝试一下，刚才的猜测哪个是有理由的。于是针对表格展开讨论：

找到行和列已有 2 个数字的，发现推理不出空格的数字；那找到行和列已有 3 个数字，发现就能推理出空格的数字。如："B1"列有了 3、1，行有 2，"B1"为"4"……一个小细节，

3	2		
			2
		3	
1			

让学生经历了"迁移"，为"迁移"而学，发挥学生的积极主动性。

李国娟于 2017.3.14 第二节在二（3）班上课。
强化"找得对又快"的方法

当学生发现找到行和列已有的 3 个数字，就可以推理出空格是（　　）的方法时，学生还处于研究状态，怎样最快地找到行和列已有的 3 个数字呢？于是就碰撞出：先找到数字最多的行和列，如：

3	2		
			2
		3	
1			

A 行与 1 列数字最多，已有 2 个，只要找到第 3 个就可以了，于是"A3""A4""C1"作为突破口均不行，那就只有"B1"作为突破口填"4"，一方面有根有据（不再像以前是凑出来的）；另一方面，面对这么多的空格，从哪一个先下手，即作为突破口也是有方法的，学生有成功感，于是在接下来的强化练习中，学生比较快速地找到了"A2"与"C4"这两个空格可以作为突破口，真正做到了又对又快，提升思维力。

2			3
	4		
			2

李国娟于 2017.3.15 第一节在二（2）班上录像课。

逐步缩小范围

学生在找解题"突破口"时，采用了一次又一次调整策略的方法，在不断地认知冲突中"逐步缩小范围"。如图：

3	2		
			2
		3	
1			

有的学生找到"A3"为突破口，但马上发现行和列尽管有了 3、2 和 3 三个数字，其实只能算 2 个：所以马上改成"A4"，发现"A4"又不行，行和列只有两个数字；有的学生找到"C4""D4"均发现行和列只有两个数字，就将范围慢慢缩小，还有的找到"C1"，找到"B1"，最终发现"B1"可以作为突破口，有了这个"突破口"题目就能迎刃而解了……在这个学习过程中，特别欣赏学生会自觉地不断调整，直至找到"自己"想要的为止。这样的学习，才是学生主体参与的学习。

李国娟老师教学《4×4 数独》

李国娟于 2017.3.15 第二节在二（1）班上课。
找最多数字的行和列

在讨论每行每列都填 1～4 的数字，且每行每列不重复，如：

2			3
	4		
			2

　　学生经过独立思考，同桌相互碰撞，再指名上台交流，在全体学生观察分析的基础上，发现了解题的诀窍：其中李清悦同学就说到，只要找到数字最多的行与列，突破口就可以在数字最多的行与列的空格中找，像上题：A 行已有"A1"是 2，"A4"是 3 这两个已知数字，4 列已有"A4"3，"D4"2 两个已知数字，突破口只要放在"A2""A3""B4""C4"四个空格就可以了，而"A3"所在的列与"C4"所在的行，没有已知数字不能作为突破口；"A2"所在的行和列已有 2、3 和 4，"B4"所在的行和列已有 3、2 和 4，就可以作为"突破口"，学生们就能轻轻松松、有滋有味地填满数字。由于方法是学生们相互间碰撞，慢慢提炼出来的，学生们很有兴趣。

《4×4 数独》教学实录

　　教学内容：二下自编教材——4×4 数独

施教学生：二年级下册的学生

执教教师：柯桥区柯岩中心小学　陈银红

教学目标：

1. 学会用数独的"唯一性"特点学习 4×4 四宫数独。

2. 通过对 3×3 数独的旧知复习，顺势导入 4×4 数独，让学生在比较、思考、推理过程中找到四宫数独解题的突破口，从而归纳出解题方法。

3. 培养学生学会合作学习、学会思考、学会展示的能力，提高学生的逻辑能力与口头表达能力。

教学重点： 学习用行和列交叉过程中，行和列出现的已知三个数推导出第 4 个未知数，利用"数独"唯一性进行有序思考推理。

教学难点： 在比较中总结"数独"解题的突破口。

教学过程：

一、复习旧知，为新授做好铺垫

1. 揭示课题

师：小朋友们，你们还记得这张空格表吗？（课件出示 3×3 空格表）

生：记得。

师：这里一共有几格？

生：九格。

师：你是怎么知道的？你说。

生：因为有三行三列。

师：让我们用手势来比一比。一共有一行、两行、三行，有一列、两列、三列。我们就说 3×3 等于 9 格。

师：在这些空格当中，我们填上一些有趣的数字（板书：数），这些数字又有规则的，每行每列都有 1～3 这三个数，并且每个数字在每行每列都只能出现一次（板书独）。在数学中我们把这个"只能出现一次"称为独，连在一起就是数独。今天我们将再一次走进数独世界。

揭示课题：数独。

2. 复习 3×3，总结经验

师：今天陈老师也把这张表格带来了，我要填上一些有趣的数。

师：仔细观察，静静地思考，这个数独中你会从哪一个空格开始思考？

师：有想法了，请拿出作业纸，在第一道题上慢慢地记录下来。教给你一个方法，你在第一次找到的空格上可以轻轻地打上一个小小的"√"。让我们一看就明白，你是从这一格开始思考的。

师：做好的小朋友，同桌两个人之间可以互相说一说，我找这一格的理由是什么？

师：哪位小朋友愿意上来和我们分享一下？

师：陈老师先请三个小老师上来。小老师们，告诉我，你们是从哪一个开始下手的。

学生依次点，教师做记号。

生1：我是从 A3 这一格开始的。师：陈老师帮他在这里打上一个小小的"√"。请你说一说你的理由是？

生1：A3 这一列对应的是1，这一行对应的是3，所以格子里只能填2。

师：说得真好，我们一起跟他说一说。A3
这一列已经有1，这一行已经有3，所以这个空
格填2。

	3	√
	√	
	2	1

师：你找到的是哪个空格？

生2：B2这一格。

师：说说你的理由？

生2：因为这一列已经有了3和2了，所以空格只能填1。

师：你找的是哪一格？理由是什么？

生3：我找的是C1这一格。因为这一行已
经有了1和2，所以空格只能填3。

	3	√
	√	
√	2	1

师：我们三个小老师已经找到了三个地方，
那现在你有了足够的信心，把空格都填满吗？

生：有。

师：开始吧，快速地把所有空格都填满。（教师板书：行和
列已有两个数，推理出空格是几？）

师：填完成的小朋友同桌两个交换一下欣赏一下，互相点点
说说，你是怎么找的？

师：我们按照小老师的意思，快速地说一说、填一填。

师：我们小朋友上节课的知识学得很扎实，陈老师已经把我
们的学习经验写在黑板上了。我们一起来读一读。（行和列已有
两个数，推理出空格是几？）

师：在这个方法中，我们是努力在行和列中找到2个数字，
这样就可以推理出第3个数字。

二、新授4×4数独

师：现在老师把这个数独变一变，这里有几格？

生：16格。

师：我们说这里有4行4列。（板书：4×4）

师：我们在这些空格中，也可以写上一些有趣的数字，每行每列都只能填1~4四个数字，而且每个数字在每行、每列都只出现一次。我们来猜想一下，刚才在这里行和列我们已知2个数字，就可以推理第3个数。那现在在行和列中我们努力要找到几个数字，才可以推理出空格来呢？（学生一致回答3个数。）

师：那现在我们来验证一下我们的猜想。陈老师写上一些有趣的数字。

学生读题：在下面的方格中，每行、每列都有1~4这四个数，并且每个数在每行、每列都只出现一次，B应该是几？

3	2		
		B	2
		3	
1			

师：按照刚才的方法，我们来验证一下自己的猜想。请你独立地、静悄悄地在第二个题目中写下来。第一次你会找到哪一个空格？还是刚才的方法，再找到的空格中轻轻地、小小地打个钩，说明你是从这个空格开始分析研究。

师：不着急做题，想想你为什么填的是这个，理由是什么？

师：同桌两个好好地分享一下。你找这个空格的理由是什么，说给同桌听一听。

师：现在哪个小老师愿意上来说一说，你第一次找的空格是哪一个？

生1：A3这一个。

3	2	√	
		B	2
		3	
1			

师：你的理由是什么？

生1：我的理由是 A3 这一行已经有了 3 和 2，这一列有了 3，我觉得这里应该是 4。

师：你觉得这里是 4。可是数独我们不能猜，每格只能填 1 个数字。

师：这一行已经有了 3 和 2，还剩下几？

生1：1 和 4。

师：那这里一定是填 4 吗？

生：不一定。

师：不过他给了我们一个很好的启示。他找的是第一行，这一行是所有行中数字最多的行。这个方法很好，先找数字最多的行。

生2：我找的是 B1 这一格。

师：他找的是数字最多的列。这一格的列已有 1 和 3，行已有 2，就可以填出空格是 4。那我们一起来说一说。

3	2		
√		B	2
		3	
1			

生：这一列已有 3 和 1，这一行已有 2，所以推理出空格是 4。

师：刚才四个小朋友，他们都是先找了数字最多的行，数字最多的列。数字最多的行就是第一行。这一格列有 3，行有 2 和 3，有几个数字？

生：3 个。

师：3 个吗？

生：2 个。

师：看上去有 3 个数字，其实只有 2 个数字，所以不能推理出来。

师：这个能推理出来吗？

生：不能。行有 3 和 2，列有 2，只有两个数字。

师：那我们看数字最多的列。这里列有 2 个数字，行有 1 个数字，推理出第 4 个数字 4。

师：C1 这里行吗？

生：可以。已经有 3、4 和 1，推理出空格是 2。

师：但这是第二次推理出来的，陈老师说的是第一次推理出空格，行不行？

生：不行。

师：在 4×4 数独的空格里面，我们要知道行和列有几个数字，才能推理出空格。

生：3 个。

师：我们把这个经验和同桌说一说。（行和列已有 3 个数，推理出空格是几。）

师：我们有了这个突破口 4，这个位置行不行？

生：不行。

师：B 行不行？

生：行。

师：谁愿意上来说一说？胆子大一些。

生1：列已有3，行已有4和2，推理出这个空格是1。

师：我们知道方法了，快速地把这张表格填完整。

师：已经完成的小朋友可以稍稍挥挥手，去找已经完成的两个、三个人为一组，你说给我听，我说给你听，可以在教室里走动。但要轻轻地，别影响别人。

师：孩子们，现在我们回到座位上。我们让这个小朋友把所有的空格接着填，所有小朋友眼睛看这里。

师：和她一样的请举手。错的小朋友请赶快修改好。

师：也就是说在做题时我们要先找到方法。先找数字最多的行或者列，再看行和列有没有3个数字，就可以推理出第4个数字。那我们再来挑战一题，好不好？还是把题目要求读一读。

三、巩固练习4×4数独

师：听清楚要求，我们不着急做题，在你第一次找的空格上轻轻地打上一个"√"。

师：找到了吗？不管你找到了1个还是2个，我们请小老师上来说一说。

师：现在我请两个女孩子上来。其他小朋友放下笔，现在你们是裁判，但也要积极思考，看他们点的空格和你想的是不是一致。

2			3
B	4		
			2

生1：A行这个位置行已有2和3，2列已有4，所以这个空格是1。

生2：C行这个位置行已有4，4列已有3和2，所以这个空格是1。

师：我们两个小老师找到了2个突破口，我们一起来说一说。

师：找到这2个突破口后，我们可以快速地把这道题目填完整。试一试吧。都填完的同桌可以互相说一说，你是怎么填出来的？

四、课堂总结

师：我们小朋友真能干。知道方法了，我们有再多的格子也不怕了。我们来回忆一下，这节课我们找到了什么方法。第一步我们要找数字最多的行或者列；第二步我们找行和列3个数，就能推理出空格是几。

教学反思：

陈银红于2017.4.25第三节在二（5）班上课。
当学生思维停滞怎么办？

在这一节课，老师带着学生复习了3×3数独，让学生再次经历1~3在每行每列只出现一次的解题过程，总结了解题经验：行和列已有2个数，可以推理出空格是（　　　　）。

借助于这个经验，我们将3×3数独变形为4×4数独的形式，让学生开始猜测，在这样的数独中我们行与列要有几个数字就能推理出空格。几乎

3	2		
		B	2
		3	
1			

所有的学生都猜出 3 个，于是在填上一些数字后，我们开始了验证。借助上一节的学习经验，先找第一次可以突破的空格。学生经过思考之后，四位学生上来都指出第一次可以填 A3 这个空格。听取学生的想法，学生觉得已知有 2 和 3，那这一格不是 4 就是 1，那就可以随意填一个，再开始填其他数。如果不对，就换个数。但学生却忘了数独中每一个格子的数字是唯一的，是不能靠猜测决定的。就这样，原本热闹的课堂一下子安静了下来，学生顿时束手无策。学生想思考，却没了思考的方向，他们的思维一下子停滞了。这个时候，作为教师的我，必须去"扶"他们一把，重拾他们学习的信心。于是，我先肯定了四位学生，并且告诉学生他们给了我们一个很好的方法，就是去找数字最多的行或者列。原本 11 个空格，一下子就帮学生缩小到 4 个空格。经过我的这样一点拨，学生的目光自然而然地聚集到第一行和第一列，很快就有学生发现第一次可以解决的空格是 B1。有了这样的学习经验，学生轻而易举地就攻破了这个数独。

在学习的过程中，我们不能一味地强求学生自己探索新知。当学生碰到困难、思维停滞时，作为引导者的我们，还是要适当地去"拉"一把学生，这样他们才会有学习的信心和上进的激情，才能让他们的思维更加地发散开去。

《四宫数独》教学实录

教学内容： 二下自编教材——四宫数独

施教学生： 二年级下册的学生

执教教师： 柯桥区柯岩中心小学　李国娟

教学目标：

1. 借助四宫数独，让学生认识和了解数独行、列、宫的基本情况。

2. 通过练习，让学生了解数独宫的游戏规则，会用规则来进行推理。

教学重点：认识宫，运用规则来推理出所有方格的数字是几。

教学难点：培养学生分析、推理的思维过程。

教学过程：

一、复习导入，认识数独

1. 复习行与列，揭示行列的定义

教师在黑板上出示4×4的空格：

师：仔细观察，有多少格？同桌互相说一说。（板书格）

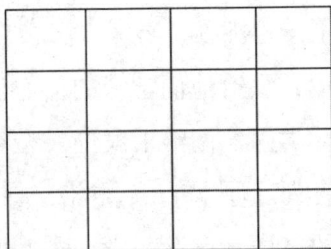

师：谁能响亮地告诉大家？

X生：四行四列，16格。（师板书4×4）

师：在数独中，这个格是这样来说的。

生（第一大组齐）：格：数独中最小的方格，里面可以填入一个确定的数字。（课件出示）

师：为了研究方便，我们还把这里的每一行位置名称标下来。如果我们把这一行标为A行，那么这一行是（　　）。

生：B行，C行，D行。（教师做手势，学生说）

师：这里的行可以这样来说，第二组孩子一起读一读。

生：（第二大组齐）行：由一组横向格子组成的区域，用字母区分它们的位置，如A行。（课件出示）

师：同样的我们把列也标上标记。如果这里是 1 列的话，那么这里就是（　　）。

生：2 列、3 列、4 列。（学生说，教师写）

师：想象一下，如果我们要说列应该怎么说呢？第三大组的孩子一起读一读。

生：（第三大组齐）列：由一组纵向格子组成的区域，用数字区分它们的位置，如 1 列。（课件出示）

师：二（4）班的孩子就是这么聪明。请在你第一道题目的地方把行所有的位置名称写上，列所有的位置名称写上。（学生动笔写一写）

2. 认识格

师：孩子们，现在有了行所在位置的名称，列所在位置的名称，那我们来叫这一个格就很方便了。大胆地创造，李老师所点的这一格可以用什么名称来称呼它一下？轻轻地在同桌耳朵边说一下。

师：谁愿意大胆地做创造家？

生 1：A 行 1 列。

师：A 行 1 列交叉的地方直接可以称呼它 A1。

教师点，学生说 A2，A3，A4，B4。

师：每一格都有自己的名字，这样称呼起来就方便多了。

师：现在在这些空格里，老师要给它写上一些神奇的、有趣的数字，你来看一下。

师：2 在哪个位置？

生 1：A1

师：3 的位置？

生2：B2

师：1的位置在哪里？

生3：B3……

师：有了这些有趣的数字，我们就要来研究，全体男生读题目。

2			
	3	1	
		4	B
			1

生：（男齐）在下面的方格中，每行、每列都有1～4这四个数，并且每个数在每行、每列都只出现一次。B应该是几？

师：二（4）班的孩子请你听清楚要求，不急于做题目，仔细观察、思考，哪里能够找到突破口，第一次可以找哪个空格可以思考？

学生练习：

师：你可以写写画画，但不填数字。老规矩，可以在第一次找到的空格上打个小小的"√"。

师：同桌两个分享一下。

师：谁愿意和大家来分享第一次找到突破口的空格是哪里？

三位小朋友上去点一点。

生1：因为第3列里有1、4，A行里有2，所以这里填3。

师：以上节课学习的经验，行和列已有3个数字，就可以推理：空格是（ ）。（师板书）

生2：因为第1列有2，第B行有1和3，所以这里可以填4。

师：二（4）班的孩子很会学数学，起初找到最多数字的行，最多数字的列，然后把空格慢慢地缩小，就可以找到第一次空格的突破口，这个方法太好了。

2. 揭示宫的定义

师：孩子们，观察这张表，我们称它为数独，和我们以前用

98

的 4×4 空格有什么不一样的地方?

生 1 : 这里都是 4 个 4 个的。

师 : 你怎样发现它是 4 个 4 个的?

生 2 : 因为以前这里的线很细的, 现在变得很粗了。

师 : 孩子们, 这里出现了粗线, 这两条粗线把这么多格子怎么样?

生 3 : 这两条粗线把这么多格子都分成了 4 个区域, 每一个区域都有 4 格。

师 : 每一个区域都是 2×2。太伟大了, 我们二 (4) 班的孩子, 真的像小小的数学家。在数独中, 我们把它称为宫。

生 : (女齐) 宫 : 由一组被粗线划分的 2×2 格子围成的区域, 用中文数字区分它们的位置, 如一宫。

师 : 孩子们, 李老师摸着的这个区域叫什么?

生 : 宫。

师 : 我来称呼它好吗? 一宫。

生 : 一宫, 二宫, 三宫, 四宫。(老师点, 学生说)

教师板书课题 : 四宫数独

师 : 孩子们, 研究数独的时候, 以前我们有每行、每列, 那么今天咱们就出现了每一个粗线宫, 当然可以直接称呼它每宫。

二、新授知识

1. 学生尝试在宫内找突破口

师 : 现在我们就走进四宫数独。在下面的方格中, 每行、每列, 每一个粗线宫都有 1~4 这四个数, 并且每个数在每行、每列、每一个粗线宫都只出现一次。B 应该是几?

师 : 这一个宫只能出现 1~4。孩子们, 随着宫的出现, 我相信二4班的孩子们的思维一定会越来越激活。刚才我们不做题目，已经找到了两个突破口，现在每一宫只能1~4，你还能找到别的突破口吗？

师：像刚才的经验那样，同桌两个孩子商量一下。

2. 学生交流，找准突破口

师：谁愿意跑上来和大家分享？

生1：第一宫已经有2和3了，所以这一格可以填1或者4。

师：孩子们，他们四位小老师上来都找到了第一宫，为什么找这一宫？

刚才我们每行每列都是找数字最多的，那么这一宫也是数字最多的。

师：既然四位小老师都找到了第一宫，仔细观察第一宫，数字有几个？

生：2个。

师：当然有3个数字你会更开心，给你三个数字，第4个马上就可以找出来了。那现在只有两个，该怎么找呢？刚才已经有孩子说了，这一格A2有两种可能，1和4。B1这里填几？

生：1。

师：因为这一个不能填1，理由在哪里？

生：因为B行已经有1了，不能再填1了。

师：太棒了，我很喜欢你。二（4）班的孩子由宫想到行，再想到列，我们的思维就这样慢慢地打开了。B1不能填1，所以只能A2填1。

师：在四位小老师的共同努力下，作为突破口找准的这个空格，我给它一个小小的标记。所以这里也可以作为第一次找的突破口。

师：好，我们来看，利用这样的经验，第4宫里可不可以也这样做？

师：这里可以填多少？有几个可能？

生：两个，2或者3。

师：这里作为第一次突破口可不可以？同桌两个静静地思考一下。

生1：第3列已经有1和4，A行已经有2，所以这里填3，那里只能填2。

师：我们这里还暂时不知道，所以我们写也没有写。

生2：这里填2。

师：孩子们，这一格到底可不可以作为突破口，老师在这里填一个小小的记号，我们把眼光放到这一宫里。因为刚才我们说了，宫内数字最多的可以作为突破口。孩子们一起看，这一个宫里已经有1、4，还这个格有2或3两个可能。你想一下，这里的可能是多少？

生：2或3。

师：这里的可能性也有2或3，它是对等的。我们就沿着这样的思路往下思考，对不对。所以你现在已经知道由于宫加入了，你的思维就比原来的开阔一点了。

师：这一格可不可以填2呢？

生：可以填2。

师：她由宫内想到行和列，同样的B，用宫内这样四个数字的关系，再考虑到行和列，这样的方法好不好？

生：好。

师：我们把小老师的方法写一写。当然一个宫内有 3 个数，那你推理出第 4 个数就很方便了是不是。不过现在你只有两个，那咱们的方法就是宫内找最多数字，然后考虑行，考虑列。

师：感谢两位小老师，方法有了，大家把所有的空格填一填，你们一定能填出来。而且能用最快的速度把另外的空格填出来。

师：B 是几？

生：3。因为四宫里面已经有 1、2、4，所以 B 填 3。

师：四宫数独把宫放进去，我们的思维打开了，解题方法也多起来了。

李国娟老师教学《四宫数独》

三、巩固练习

1. 练习习题，学生交流

师：我有要求了，不让你做题，静静地观察，第一次找到的突破口在哪里？我们把它的位置标出来。

课件出示练习题目：

生：（第三大组齐）下表中，每

4		2	3
3		1	
	4		
		4	2

行、每列、每宫都有 1~4 这四个数，并且每个数在每行、每列、

每宫都只出现一次。你能将表格填完整吗？

师：第一次找到突破口的空格是哪一个？理由是什么？想说的孩子自己跑上来，说完就回去。

生1：第2宫已有数字1、2、3，所以空格的位置填4。

生2：第3列已有数字2、1、4，所以空格的位置是3。

师：列的有，有行的吗？

生3：A行已经有4、2、3，所以可以推理出空格1。

生4：第1列已有4和3，第D行已有2，所以推理出空格是1。

生5：第B行已经有3、1，第2列已经有4，所以空格填2。

2. 归纳方法

师：二（4）班就是会研究数学，李老师把你们刚才找的方法归纳一下。拼命地找"宫"内数字最多的，拼命地找"行"数字最多的，拼命地找"列"数字最多的，这已经有3种了。还有孩子拼命地找"行和列"数字最多的。还有吗？我们还是回到今天的热点——宫这里。

师：第二宫数字最多3个，所以这个空格一下子就拿下了。请看第4宫，这里有两个数字，突破口可以找吗？这里有1、3两种可能，因为这一列已经有3了，所以这里就不能填3，只能填1。二（4）班的孩子思维是越打越开了，找到了多处的解题突破口。

3. 再次练习

师：把这个题目连起来读一读。

课件出示：

生：（齐读）下表中，每行、每列、每宫都有1～4这四个数，并且每个数在每行、每列、每宫都只出现一次。你能将表格填完整吗？

1		4	
3		1	2
		2	1

师：我们还是养成好的学习习惯，先找突破口，再填数。李老师相信二（4）班的孩子一定能够全部填出来的。

师：李老师要问你们一个问题，这个题目是几宫的？

生：四宫。

4. 认识九宫数独

师：猜一猜这是几宫的？

生：九宫。

师：你怎么知道它是九宫的？

生：因为 9×9。

师：我们一起把九宫的名称来喊一喊好吗？李老师点到哪里，你喊到哪里。

（教师操作课件，学生说行、列、宫）

四、教师总结

师：我们从研究数独一直可以研究到九宫，它确实很有趣啊，等待着下一次我们再来研究九宫。

教学反思：

李国娟于 2017. 3. 23 第一节在二（3）班上课。
"宫"与行和列一起观察

在"四宫"数独中找突破口，还可以用找行与列中已知数字最多的经验。如：

第一宫中已有 2、3，第四宫中已有 4、1，那就从第一宫中的空格开始找突破口吧！"宫"中两个空格可能填1或4，而B1不可能填1，因为B行已有1，那只能A2填1，所以有了每宫只能是1~4，并且不重复的信息，A2可以作为突破口；当然B1

2			
	3	1	
		4	
			1

可以用一开始的行和列已有2、3、1，只能填4作为突破口；也可以"宫"内B1不填1，只填4作为突破口……

　　在训练学生思维的过程中，这样"宫"与行和列一起观察，就让学生的思维打开了，真正意义上从一维上升为多维。

李国娟于2017.3.23第二节在二（4）班上课。

面对学生思维跳跃怎么办？

　　在讨论第四宫已有4、1两个已知数字时，学生点出D3可以作为突破口，理由是D3只能填2，因为B2是3。这个理由相互间不具有因果关系，当时我真的懵了，学生的思维怎么会如此跳跃，我真的无法做出解释……其实，此尴尬完全可以解除，只要立体思维，马上能找到答案，A3能填2或3，但"A3"不可能填2，只能填3，所以D3填2；C4填3。这个场面是老师的思维被学生牵着走，该要跳出时也要跳出来，避免尴尬。

2			
	3	1	
		4	
			1

《四宫数独》教学实录

教学内容： 二下四宫数独（自编拓展课程教材）

施教学生： 二年级下册的学生

执教教师： 柯桥区柯岩中心小学　方芳

教学目标：

1. 借助四宫数独，让学生认识和了解数独行、列、宫的基本情况。

2. 通过练习，让学生了解数独宫的游戏规则，会用规则来进行推理。

教学重点： 认识宫，运用规则来推理出所有方位的数字是几。

教学难点： 培养学生分析、推理的思维过程。

教学过程：

一、复习导入，认识数独

师：上节课我们已经学习了 4×4 的数独。在下面的方格中，每行、每列都有 1~4 这四个数，并且每个数在每行、每列都只出现一次。

4		2	3
3		1	
		4	2

师：咱们二（5）班的孩子听清楚要求，不急于做题目，仔细观察、思考，哪个空格一开始就可以得到答案？你就在那个空格上打个小小的"√"。

学生练习。

交流：

师：谁愿意和大家来分享你第一次就能得到答案的空格？

（学生对具体哪一格说得不够清楚）

师：我们知道横的叫行，竖的叫列，给他们标上名称，行用字母可以表示为 A 行、B 行、C 行、D 行。列用数字可以表示为 1 列、2 列、3 列、4 列。所以这一格我们称为 A1，这一格称为 A2……（配合手势）

师：哪个空格你一开始就知道答案？

生 1：我知道 A2 是 1，因为这一行已经有 2、3、4 了。（教师在 A2 只打"√"，没填数字）

生 2：我知道：C3 是 3，因为这一行已经有 2、1、4 了。

生 3：我还知道 D1 是 1，因为这一行已经有 2、4，列有 3、4，所以我能推断出 D1 是 1。

师：二（5）班的孩子很会学数学，我们总是先找到最多数字的行，最多数字的列，然后把选择的空格数慢慢地缩小，就可以找到第一次空格的突破口，这个方法太好了。

二、认识宫

1. 微课揭示宫的定义

师：4×4 数独是我们上节课学的，这次我们要来学的是四宫数独（出示四宫数独）。什么是四宫数独？宫又是什么呢？一起看大屏幕。

（微课内容）孩子们，我这里有一张四宫数独，观察这张表，他和我们以前用的 4×4 空格表有什么不一样的地方呢？是的，我们发现这里有一些粗线，这些粗线把整张表格分成了 4 个区域，每一个区域都由粗线划分的 2×2 格子围成。我们把它称为宫。我们用中文数字区分它们的位置，如一宫，二宫，三宫，四宫。这里共有四宫，所以我们称他为四宫数独。

教师板书课题：四宫数独

师：孩子们，研究数独的时候，以前有行、列，今天出现了宫。这里有 4 宫，今天研究的主题就是四宫数独。（齐读课题）

2. 宫（有 3 缺 1）

师：和每行、每列一样，宫也有这样的要求：每一宫都有 1~4 这四个数，并且都只出现一次。你能马上说出下列宫里的数吗？

2	
4	1

	3
2	1

4	
3	1

3	4
	2

生1：宫里已经有 2、4、1 三个数，所以空格就只能是 3。

生2：宫里已经有 2、3、1 三个数，所以空格就只能是 4。

生3：宫里已经有 3、4、1 三个数，所以空格就只能是 2。

生4：宫里已经有 2、4、3 三个数，所以空格就只能是 1。

3. 宫（有 2 缺 2）

2	
	1

	4
3	

师：你可以马上说出宫里的数吗？

生：不能。

师：但我们可以推理：因为宫里已经有 2、1 两个数，所以空格就只能是 3 或 4……

（学生操练另一个表格）

师：这个空格能确定下来吗？不能，所以我得去找其他条件。

补上：

2			3
	1		

师：现在哪个空格你能得出答案？同桌的小伙伴讨论一下。

生：A2、B1。因为一宫里有 1、2，空格就只能选 3 或 4，A 行已经有 3，所以我们 A2 就是 4，B1 就是 3。

师：第 2 题呢，你也需要加条件。请你自己试着加条件（横或竖），然后小组讨论交流。

	4	2	
3			

生：A1 因为一宫里有 3、4，空格就只能选 1 或 2，A 行已经有 2，所以我们 A1 就是 1，B1 就是 2。

小结：师：看来做题时和原来的行、列一样，我们先找到数字最多的宫，在根据行或列的条件补充判断就能得到答案。

4		2	3
3		1	
	4		
		4	2

师：和一开始的 4×4 数独非常相似，但这是 4 宫数独，现在的条件是每行、每列、每宫都有 1~4 这四个数，并且每个数在每行、每列、每宫都只出现一次。刚才我们不做题目，已经找到了那么多突破口，现在每一宫只能 1~4，你还能找到别的突破口吗？

师：像刚才的经验那样，同桌两个孩子商量一下。

交流练习，在作业纸中把数字填好。

师：看，有了宫、行和列的二（5）班的孩子，思维是越打越开了，因为有了宫，思维又多了一个突破口。

师：因为大家的优异表现，老师要奖励一道最强大脑题给大家！题目是这样的！

最强大脑

2	4		
			2
1			
		2	1

课堂小结：

师：看来，我们做数独的时候，要找到最多数字的行，最多数字的列还有最多数字的宫，这些都会是我们数独的突破口。我们可以行和列结合，也可以宫和行、宫和列结合，把可能的空格数慢慢缩小，就可以找到第一次空格的突破口。

方芳老师教学《四宫数独》

4. 认识九宫数独师：老师要问你们一个问题，这个题目是几宫的？

生：四宫。

师：猜一猜这是几宫的？

生：九宫。

师：你怎么知道它是九宫的？

生：因为 9×9。

师：我们一起把九宫的名称来喊一喊好吗？李老师点到哪里，你喊到哪里。

（教师操作课件，学生说行、列、宫）

四、教师总结

师：我们研究数独一直可以研究到九宫，它确实很有趣啊，等待着下一次我们再来研究九宫。

教学反思：

这一次的教学与前几次相比变动较大。四宫数独与前一节课

111

的 4×4 数独相比，到底区别在哪里？只是因为多了黑框框吗？孩子们看到的表象也许就是如此，但我们更着重的是努力让学生从已经学的行、列、行列交叉的数学思考再拓展到区块与行列结合的多维思维。

如果说"行或列"是线性思维，那么"宫"是区域范围了，"宫"是由一组被粗线划分的 N×N 格子围成的区域，是属于块状思维了，如何让学生的思维由"线性思维"上升到"块状思维"，是训练学生思维过程中要讲究的重点之一。讲究方式方法达到自觉过渡，就能增强学生的思维体验，从而实现学生思维的多维性。

于是，这一次教学，我从一宫出发，学生们很轻松地就完成了一宫有 3 缺 1 的习题，并纷纷表示太简单了。此时，我适时出现了一宫有 2 缺 2 的情况。学生讨论后觉得虽然不能得出答案，但还是能推断出可能的 2 个，从 4 个数的范围缩小到了 2 个数，如果此时再补上一个条件就能推断了。站在学生的基础上，引发学生的学习积极性和主动探究的欲望，让学生主动地从线性思维上升到区域思维。

当然，如果在教学时能给学生更多的时间探究讨论交流，也许课堂表现会更好！

2. 教师观课议课

《列表法推理》评课系列

让孩子真正成为课堂的主人
——评特级教师李国娟《列表法推理》

今天听了特级教师李国娟老师的《列表法推理》。这堂课是《数独》内容的是第一节课。表格作为数独的雏形，在第一节推理课上作了重点讲解应用。

大师出品，必非凡品。独到的构思，亲和的教学，耐心的引导，画龙点睛的点拨……不一而足，而我特别想说的是，在李老师的《列表法推理》课上，孩子们真正成了课堂的主人。

片段一：老师的同桌

平常的课堂，老师作为主导者，一直是高高在上的教导者。孩子有同桌，老师是没有同桌的。在上有序推理这一环节，引导孩子用规范的推理语言"小红拿语文书，我们推断出……"时，李老师是这样说的："我想找一个小朋友做老师的同桌，我们一起合作说给大家听。"被选中的孩子充满了自豪！他有些兴奋，有些紧张，但很开心地上了台，和老师一起合作讲解给大家听！也许讲解得并不如意，却让他有了不同的体验：今天，他是作为老师的同桌给大家讲解的！

片段二：我来当小老师

还是引导孩子有序地推理，两个小老师一起合作上台，根据表格把推理过程讲给小朋友听。在讲解的过程中，李老师偶尔的点拨，悄悄地引导，让小老师们学会有序地推理，孩子们在小老师的引导下学会了有序地表达。原来课堂可以是老师给我们上，也可以是小伙伴们给我们讲，课堂上，我们孩子是主人！

片段三：离开座位互欣赏

孩子们利用表格完成了推理，推理的结果干净清楚地展现出来了，此时，孩子间的互学环节展开了。一般情况下，老师会安排同桌或四人小组交流，此时，交流对象是老师规定的，孩子在规定的小团体内交流。可能他比较能干，交流欣赏时他有很多想法，滔滔不绝；也可能他比较善于倾听，在交流时不发一言，听凭别人做主。而李老师则把交流的对象变成了好朋友，打散原来的座位分布，离开位置，找到自己的好朋友进行交流。我想，孩子们交流时肯定更愉快，更有发言的欲望，更能学习好朋友的闪光点。在交流时，孩子们由于交流的对象的平等性而显得更自在，更有学习的主人感。

在教学生活中，学生是学习的主体，课堂学习是师生共同构筑的过程。在课堂上，孩子是课堂的真正主人，学习是在师生、生生之间一起合作共同完成的，师生之间的关系是和谐的，生生之间的关系是平等的。今天，李老师的做法给了我们启示！

教无定法，学无止境
——评"列表法推理"

开学第二周有幸聆听了李特的一节数学拓展性课程"列表法推理"第一课时。本课是在人教版第九单元第二例题中提炼出来的"数独"知识点。首先作为低段一线教师的我确实没有吃透教材，每每接触该教学点时，总是把两个例题孤立开来进行授课，在导师点拨下才知道第九单元例题 1 和例题 2 之间有一个相同的知识基点即"数独"。

数独又叫九宫格，它是一种数字谜题，源自 18 世纪末的瑞士，后在美国发展、并在日本得以发扬光大。中国是在 2007 年 2 月 28 日正式引入数独。要学好数独，学生必须有较好的推理思维，因此在此拓展课实施的第一课时，李特便在整个课堂上循序渐进、层层深入地训练孩子们的逻辑思维。

一、导入结合生活实际，游戏激发学生学习兴趣：

师：刚才我们课间做了一个游戏，现在我们再来做一个游戏，请大家猜一猜，轻轻地读题目，预备开始！

生（齐读）：有语文、数学两门学科，李老师和方老师各上一门学科。李老师不上语文课，那么请问方老师上什么课？

师：嗯，小朋友读得真好！李老师不上语文课，猜一猜方老师上什么课？

生 1：方老师上语文课。

师：为什么？

生 1：因为李老师不上语文课，所以方老师上语文课。

师：还能猜到什么？

生 2：李老师上数学课。因为李老师不上语文课，那么肯定就上数学课。

点评：二年级的孩子活泼好动，对生活充满着好奇与幻想，在课堂上，老师采用游戏的方式导入课堂，一下子吸引了孩子们的注意力，在轻松简单的谈话中自然而然地开始了新课，拉近了师生之间的关系，为下一课堂环节的开展奠定了良好的基础。

二、微课引入课堂，实现了拓展课程"翻转课堂"的特效

师：而刚才同桌两个小朋友商量分享的这个过程，是用语言描述推理过程。但是有一种很奇妙的方法摆在我们面前，也可以表示推理的过程，大家想不想学？

生：想。

师：好，让我们一起走进微课。

（音乐伴奏）师：小朋友们，上面这段话中的信息，可以用这样的方式摘录下来：有两门学科，语文和数学，有两位老师李老师和方老师。然后再添上一些横的线，再添上一些竖的线，这样就变成了一张表格。让我们仔细观察这张表格，横的一排叫行，这里有两行，第一行反映李老师上语文、数学课的情况，第二行反映方老师上语文、数学的情况。竖的一排叫列，第一列反映两位老师上语文课的情况，第二列反映两位老师上数学课的情况。现在还有李老师不上语文课这个信息没有在表格中反映出来，那么怎样反映呢？我们把李老师这一行，再找到语文这一列交叉的地方打个叉，从李老师这一行可以看出：李老师不上语文课，那么李老师就上数学课，在这一行，数学课的这一列交叉的地方打个钩，同样的道理，方老师这一行，语文这一列交叉的地方应该打钩，说明方老师上语文课不上数学课，在方老师这一行数学这一列打个叉。刚才我们通过表格清晰地看到了李老师不上语文课，上数学课。方老师上语文课不上数学课这样的一个推理的过程，真的让我们感受到表格推理是一种很好的方法，因为能够把已知信息，推理的过程还有推理的结果清晰地反映出来，小朋友们你喜欢吗？

点评：微课是近期非常热门的一个教学方法，在李特的课堂

上得到了很好的运用与展现。结合现代科学技术在课堂上充分给孩子们视觉、听觉上带来感受让学生对学科知识进行个性化的学习，既可以查漏补缺又能强化巩固知识点，是传统课堂学习的一种重要补充和拓展资源。微课进入课堂，对"翻转课堂"的教学模式进行了很好的诠释。

三、习题讲解手口配合，化抽象为形象

语言是人与人交流的工具，然而肢体手势等正确运用于课堂，同样能为课堂增色，为老师加分。

课例：

生1：李老师不上语文课，就在李老师这一行，语文课这一列交叉的地方打个"×"。（做手势）

师：我们一起来做做手势，李老师这一行，语文课这一列交叉的地方打个"×"。（集体跟做复述）

生2：李老师不上语文课，就在李老师这一行，数学课这一列交叉的地方打个"√"。

师：两位小老师说完后，我们一起来复述并做做手势：李老师不上语文课，就在李老师这一行，语文课这一列交叉的地方打个×，李老师不上语文课，就在李老师这一行，数学课这一列交叉的地方打个"√"。

师：还有另外的想法吗？还有补充的吗？你来说一说：

生3：李老师不上语文课，就在方老师这一行，语文这一列交叉的地方打个"√"，方老师上语文课，就在方老师这一行，数学这一列交叉的地方打个"×"。

师：嗯！小朋友还能边说边用手势表示，真不错。

点评：本课教授中，老师能采用手势配合讲解，充分落实

"行""列"等知识点，让学生在"说"与"做"中体会新知。将抽象的数学知识转化为更加形象、生动的内容，易于学生掌握。手势教学是课堂教学的重要手段，我们可以借助手势强化有声语言的信息，增强教学说服力和感染力，更能有效组织教学秩序，调控课堂气氛。

四、体现了以学生为主的课堂教学

本课中，教师采用"小老师"教学的形式进行课堂教学，充分体现了新课程理念中"学生为主参与课堂学习"的理念。把教学重心由"教"转到"学"的方面，从教学生"学会"，转移到教学生"会学"。让学生学会独立自主地去探究和掌握新知识的本领，始终使学生处于自觉、积极的学习状态中。同桌互相说一说、四人小组讨论着讲一讲、小组代表的全班式的交流汇报等形式，促使学生学得主动，学的投入，真正做到成为学习的主人。从另一层面来看这样的课堂教学方式更利于学生生理、心理的健康发展，更利于塑造良好的个性特征，更利于学生发散性思维能力的培养。

总之，教无定法，学无止境，许许多多的教学实践告诉我们能吸引学生注意力、煅炼学生思考力和想象力，在课堂上能让学生积极思考、观察分析的课才是好的课，在低段数学教学上，李特的课给我们展示了她独特的教学方式和方法，有待我们进一步地探究与实践，在漫漫教改之路中走出自己独特的教学之路。

以手语为支架，让学生体验行与列
——评李国娟《数独——列表法推理》

我听了师父的一节二年级下册数学《数独——列表法推理》

的一节课，内容很有思考的价值，同时也需要孩子有较强的推理能力和解决问题的能力才能完成。从今天听课的状况来看，大部分同学找到了做这类题的方法，但表达上还需强化训练。

一、教学思路清晰，教学设计有层次

整节课根据教学内容，因材施教地制定了教学流程，老师注重培养学生主动思考、主动探究和对自己思考过程的表达能力，让学生真正走进数学，而不是似懂非懂。通过与学生的交流，找到解决重点难点内容的关键点，降低了学习难度。这样的设计，符合学生年龄特点和认知规律，体现了以学生为主体的学习过程，培养了学生的学习能力。

二、教态自然亲切，师生关系融洽

课堂上教师通过对学生所展示出来的能力给予了高度的表扬，极大地增强了孩子们学习的自信心，不仅提高了学生的学习兴趣，而且增强了学生对自我的认识水平。整堂课，老师始终面带灿烂的微笑，对于学生漂亮的发言，总是给予热烈的掌声和赞扬声，让学生感受到成功的喜悦感。对于回答不出或回答不完整的学生，老师也耐心的加以启示、引导、点拨，让学生感受到回答不出或是回答错了也不要紧，让学生处处、时时感受到老师的亲和力，让一些平时不爱发言的孩子也得到了熏染，肯大胆的迈出那一步，做个自信的孩子。

三、以手语为支架，从中体现行与列

课堂上以这样的方式不断的影响学生，让孩子们边说边指着表格相应的行与列，顺利的表达出自己的思路。如：李老师这一行，数学这一列，交叉的地方。

四、改进之处

在教学时，当有一些同学学会表达自己的思考过程时，老师可以让同桌两人互相说一说，来扩大说的范围，从而达到绝大部分同学都能学会表述自己的思考过程。

总之，整节课从课堂的引入、新授到练习等各环节的安排都比较合理，课程层次清晰，练习设计难度适宜，既照顾全体，又为个别学有余力的学生的发展创造了一定的条件，如果长此坚持下去，相信一定能对学生思维能力的发展起到很好的作用。

浅谈数独的听课感受

早就听说九宫格，可却不知它还有一个更特别的称呼就是"数独"。这是我第一次真正的知晓原来自己闲暇时在玩的九宫格游戏就是我们数学老师口中的"数独"。于是我正儿八经的查阅资料，原来它是一种数字谜题，源自 18 世纪末的瑞士，后在美国发展、并在日本得以发扬光大。中国是在 2007 年 2 月 28 日正式引入数独。2007 年 2 月 28 日，北京晚报智力休闲数独俱乐部（数独联盟 sudokufederation 前身）在新闻大厦举行加入世界谜题联合会的颁证仪式，这标志着中国的数独研究走向国际舞台，与世界接轨，它将给数独爱好者带来更多与世界数独爱好者们交流的机会。原来数独还有一大波的爱好者，与其说它是一门课程，不如说它是促进数学思维发展的一种游戏。带着几分好奇我第一次走进李校长的课堂，去感受数独的神奇与魅力。坐在教室的后边，作为老师的我和学生一起在数独的课堂上提升思维高度。

在上课前通过调查，我了解到同学们认识数独的并不多，可以说知之者甚少，亲自动手做过数独的同学们更是寥寥无几，因为知道这种游戏全面考验做题者观察能力和推理能力，虽然玩法简单，但数字排列方式却千变万化，所以不少老师认为数独是训练头脑的绝佳方式。在李校长的第一次推理课上，学生们兴奋地发现原来在数学王国里，自己不仅仅是加减乘除的计算员，还可以是判断对错的侦察员。对于这样的课堂学生感到的不仅是新奇，更多的是推理后得到正确结论的成就感，而这种成功的体验对学生而言是很宝贵的精神财富。

俗话说：良好的开始是成功的一半。通过第一堂课的简单推理，激发了学生对数独课堂的兴趣，李校长采用听力游戏激趣导入，让学生梳理自己听到的已知数学信息，充分利用学生的听觉调动积极性的作用，接着通过微课的播放，又一次吸引了学生的视觉，让学生耳目一新，很快就喜欢上了这样的课堂。在整个推理的过程中李校长采用小组讨论，同桌交流，上台做小老师等不同形式让学生说出思维的过程，实现由想到说的思维进程。通过多种形式的表达环节，不仅检测了学生对本堂课知识掌握的程度如何，而且让能力强的同学增加了与大家分享和互动频率，更多可能的以点带面，调动课堂气氛。

几节课下来，通过开展教学数独的思维方法，极大地调动了学生开动脑筋、进行主动思考的良好习惯，他们的判断能力和分析推理能力得到了有效的锻炼和开发，并且拓展了视野，接受了新知识，学生们团结协作，互动交流，让数独这一拓展课程深受同学们所喜爱。但在这个活动过程中也有些许的不足，如有一部分学生跟不上，没有完全理解，针对这一问题建议解决的方法是在练习巩固环节的设计中，应该让学生们多做一些练习，让每一名同学都掌握思维的方法和规则；活动过程应该分层设计，如有些同学能力特别强，他们做得又快又好，课堂准备的数独题远不能满足他们的需要，针对这一问题解决的方法是在他们在完成了简单的数独题后，老师可以给他们更难一些的题，这将有助于更好地提高和锻炼，激发他们不断挑战的斗志和能力。

以上是我对数独拓展课堂的几点感受和建议，不当之处请批评指正！

由内而外的选择
——听《简单推理》有感

有幸聆听了李国娟老师二年级下册的《简单推理》。课堂中留给笔者印象最深的是李老师在课堂中插入"微视频教学"。这样的上课形式令上课学生意外，让我们听课的老师也为之一振。打破常规的课堂教学习惯，鼓励孩子们通过微视频教学来自我学习相关的知识点，颠覆了我们传统课堂教学的形式，翻转了我们的数学课堂，可谓是一个创举。这样别具一格的教学形式不仅提高了学生学习的积极性，更培养了学生的自学能力。

推理的方法有很多种，比如大多数学生选择的"选言推理"还有个别学生喜欢的"连线推理"，当然还有极少数学生选择的"表格推理"。李老师本节课的目的是让学生学会用"表格法"来推理，因为相比"选言推理"表格法更清楚，更能将学生思考的过程展示出来；相比"连线推理"的一维性，"表格法"更突出了学生思维的二维性。表格法不仅能有这样的优势，而且还为下节课简单数独的学习做好铺垫工作。所以教材编排让学生学会用表格法来推理。在听课的过程中也引起了笔者小小的一点思考——推理方法由学生自己的随意推理到后面统一用表格法推理，该过程学生的选择是否过于牵强？

无论是计算方法的选择还是推理的方法的选择笔者认为都是一个学生自主归纳、提炼以及思维再抽象的过程。如果在选择方法中教师急于将教材呈现的答案直接灌输给孩子，不仅错过了发展学生归纳推理能力的良机，而且也难以培养学生的学习兴趣。基于这样的思考笔者认为是否能将三种方法比较过后再让学生自我选择。既然是拓展性课程那么这样安排课程就可以分为两个课时进行了。第一课时的目标是让学生自己根据题目来推理，学生可以畅所欲言的喜欢用选言也可以选择连线，如果学生有表格法出现的也一并比较，如果没有则出现微视频教学中的表格法，接着可让学生自我比较，然后优化表格法。在这里应该要花比较多的实践和工夫进行三种方法的比较和优化。只有让学生经历了自我的比较和选择后才能真正意识到表格法的优势。接着第二课时可以再强化表格法的优势，进一步用例题来凸显表格的优势。

以上只是笔者浅显的一点看法，但是始终坚信只有孩子们自己体验过和比较过，经过内化后学习的知识那才能真正深入"骨髓"。

《3×3 数独》推理评课系列

大气之中见细腻
——听《简单数独》有感

《简单数独》是李老师根据二年级下册数学广角《简单推理》的内容衍生出来的一节知识性数学拓展课，本堂课是在学生学会用表格法进行简单推理的基础上进行的，李老师经过精心地安排，将学生熟悉的表格法抽象出简单数独的九宫格，然后再用手势帮助学生理解行列交叉的数字怎么来判断。整堂课浑然天成，一气呵成让笔者领略了什么是智慧的课堂，什么是大气的课堂。但是，细细品味，李老师大气的课堂中又时时刻刻体现出了细腻，这样的细腻对于跟不上的学生是一种等待，对全体学生而言是一种良好学习方式的培养。

细腻之——肢体语言丰富数学思维。

听李老师的课有很多肢体语言，不仅体现在课前的预热环节，还体验在课中的肢体语言。

【片段一】在复习上一节课推理过程中

师：哦，你在用因为所以说话，上节课学得很扎实。

师：小丽这一行，品德与生活这一列交叉的地方你看到了什么？

生：一个"√"。

师：那么小刚呢？请你说。

生：小刚拿的是数学书。

师：你怎么看到了？

生：因为小刚这一行，数学这一列，交叉的地方打了个"√"。

师：看到了一个"√"，对吧。孩子们，我们边做手势边来说一说，准备。李老师点到哪里，你们说到哪里。

生：小红这一列，语文这一行交叉的地方打了个"√"，说明小红拿语文书。

师：是的，请第四组轻轻地说一下。

一边做手势一边说帮助学生理解行列中有了勾就不会有叉的思想，为下面抽象出来的九宫格做准备。

【片段二】

师：对，在这个地方观察到一个"√"以后，就可以推理出小红不拿数学书，也不拿品德与生活书。还可以推理出什么？谁能补充。

生：也可以推理出小红拿了语文书，小丽、小刚就不拿语文书了。

师：太好了，把这句话一边做手势，一边给你的同桌欣赏，好吗？随着老师，准备。

生：小红拿语文书可以推理出小红不拿数学书和品德与生活书；小红拿语文书，小丽和小刚就不拿语文书了。

师：上一节课的内容说明我们学得很扎实，这是由小红拿语文书这个已知信息推理出来的，大家还知道第二个已知信息是？

师：小丽不拿数学书。我们做手势。"×"在这里对吧。

用手势进一步体会到行和列的交叉点，为后面数独的推理打下基础。

【片段三】填完简单的九宫格后

师：有没有孩子在仔细地观察，其实这个小老师很聪明的。这里不行，马上把手点到与第一位小老师一致的地方了，说明他们两个的思维在慢慢地靠近。第三位孩子开始说了，所有孩子一起看。

生：因为这一列缺了 1 和 3，因为这里已经有 1 了，所有这里一定是 3。

师：哦，他是这样的理由，我帮她也点一下好不好。孩子们仔细观察，他说这可以第一次下手这一列已经有 1，这一行已经有 2，所以这里只能填 3。

师：回到座位，三下掌声送给二（3）班，上课这么聪明的孩子见到得不多。我们已经把行和列一起在观察了，对吧。咱们边做手势边观察一遍，两个手一起，开始。

生：这一列已经有1，这一行已经有2，所以这里填3。

因为有了前面的铺垫，到这个时候在用手势来体现行列交叉的空格即首先要突破的空格，学生一目了然。

【反思】简单推理和数独两者之间的桥梁就是表格推理法引申出来的表格也即数独中的"宫"的雏形。因此李老师在复习环节非常重视让学生说行列，同时通过一边说一边做手势，帮助学生在头脑中建立有行有列的空间表格，通过用做手势的方法，孩子能慢慢地感悟到从竖着看因为有了钩，所以其他两项是叉，从横着看也因为与这一列交叉的行中有了钩所以其他几项也是叉。初步帮助学生感悟到行列交叉的地方填写的答案与它所在的行和列有很重要的关系。打通了表格法推理和数独之间的内在联系，为后面的学习做了很好的铺垫。在学习简单数独后就用到这个知识，虽然还有大部分学生没有很好地将刚才表格推理和数独推理建立起联系，但有部分学生已经能想到首先要填行列交叉的空格，于是李老师再让大家做手势进一步巩固这种思维方式。

细腻之——合作学习提升思维内涵。

李老师的课堂是学生自我成长和学习的课堂，不仅体现在合作学习理解题意、交流思考方式，还体现在孩子们学习完一种新的数学思想方法后，李老师喜欢"一步一回头"的帮助孩子们在合作学习交流中掌握该种方法。

【片段四】学生在填出九宫格的答案后

师：这个3，最后填也可以。其实我们来观察一下，这个时候能不能把它填出来？如果做做题目，这个时候也可以填了，这个时候填多少?

生:填3。

师:这个时候可以填3,其实做题目是很快的,先思考后做题,好不好。孩子们,回访刚才我们是怎样思考的?我点到哪里,读到哪里,我看看谁的眼睛亮?准备。

生:行和列已有1,2,推导出3。

生:行已有1和3,推导出空格2。

生:列已有2,3,推导出空格1。

师:看着板书,自由练习半分钟。你认为可以和同桌说了就和同桌说。

先帮助学生将思路理一理,接着学生自己想一想,然后觉得可以了在同桌之间喜欢交流方法。

【片段五】在学习16格前

师:学着学着,那么如果我把这个题目换掉,换成另外的题目,现在你有方法了吗?刚才所有的第一次下手空格,它们有什么共同的地方?也就是我们如何去找第一次下手的空格?谁发现了?我们要去找几个数字?

生:3个。

师:一下子就找三个数字吗?

生:不是。

师:第一次努力地去找几个数字?

生:2个。

师:努力地去找2个数字,像我们学表格那样,已经有3个了,第3个就可以推导出来了。同样的道理,已经有2个数字了,第3个也可以推导出来了。跟我们第一节课研究的方法是一样的,这个方法好不好？

生：好。

师：同桌互相说一说，已经有2个了，可以推导出第3个。

再次同桌交流回忆推导过程，在交流中掌握数学思想方法。

【反思】如果将李老师的课比作一条铁链不为过。大到课堂整体环节一环扣一环，小到课堂的时时刻刻李老师也都是环环相扣。帮助学生在掌握数学思想方法的同时一环扣着一环，从全班孩子一起回顾再到同桌间的相互交流方法。看似繁琐的课堂实则是细腻至极。让孩子们在合作交流之中一步步回顾刚才学习的数学思想方法，从而掌握数学思想方法。

名家的课堂都是集大气智慧于一身，李老师的课不仅大气、智慧，更在两者之间体现出细腻，以上只是举例两方面的例子，其实还有很多值得我们学习和研究的地方。比如李老师在课堂十分注重对孩子学习和思考习惯的培养；李老师的引导语；李老师对孩子们的评价等等，我想这也是她深受孩子喜欢的原因所在吧。这样的课堂恰似一壶好茶，让人听后回味无穷……

课堂评价语言的运用
——评李国娟"四宫数独行列推理法"

今天有幸聆听了特级教师李国娟校长"四宫数独行列推理法"的课，课上李特在前一节"3×3数独表格推理须知行和列已知数必须在2个数的情况下推理出未知空格"的经验基础上，向学生展示和总结了"4×4数独推理"规则。学生在不断的探索和尝试中学习新知，探索真谛。课堂气氛融洽，学生表现欲望强烈，让人倍感名师课堂的精彩。我觉得这种融洽的课堂气氛与李特适当、及时的课堂评价语言是分不开的。

1. 启发式常用语在课堂上的体现

教师的教学是为了让学生自己学会学习，着重发展学生的思维能力。这就要求教师设计启发式的课堂教学用语时要时刻关注课堂上的每一位学生，便于学生"仁者见仁，智者见智。"达到举一反三的效果。

师：看了这张表格你想到了什么？请把你的想法和你同伴交流一下？谁还能再说说你的想法……

课堂上李特采用循序渐进地询问，设计了以上一系列的启发性用语，较具开放性，每个学生都有自己的生活经验、学习经验、学习基础、对于这些启发类用语所做出的反应也不相同。有的学生想到的知识多一些，有的想到的内容少一些，有的同学对问题的认识和理解深层次一些，有的可能肤浅一些，但这些启发式的教学用语却恰恰照顾了不同层次的学生，让学生能对于研究的问题，畅所欲言，不仅利于学生的创新，更利于学生对旧知的回忆和建构。

2. 赏识性课堂用语为课堂"增光添彩"

每个孩子心灵深处总有一种被尊重、被肯定、被赏识的需要。作为人类工程师的教师应该尊重每个孩子，赏识每个孩子。要抓住师生、生生之间每一次交流中的闪光点，运用赏识性用语，让他们变得越来越优秀。

师：你回答得真好。

师：老师很欣赏你的想法。

师：你是一个具有"慧眼"的小男生。

师：这位同学真是勤奋好学，值得大家学习。（掌声表扬）

课堂上李特的一次次赏识性鼓励让学生体验到了成功的喜悦之情，让个性化的思维、情趣有了张扬的空间，使学生在获得知识的同时也感受到了李校长对自己的信任、理解和友善。

3. 激励性语言的及时运用

师：你真棒，能有这么大的进步，老师为你感到高兴。

师：希望你再接再厉，继续努力……

在李特的课堂总能听到这些令人欣喜的赞扬，学生总能在课堂上和她融为一体，甚至有时在下课时也能亲切地叫上几声"李校长，李校长。""李校长你的数独太有趣了，什么时候还能来给我们上啊？"

教师的语言如一把钥匙，能打开学生心灵的窗户，如果星星之火能燎原孩子心灵深处思维的种子，作为一线数学教师确实应该吸取特级教师身上的优点，注重课堂评价性语言，让课堂更加出彩。

让课堂成为孩子们提升思维的殿堂
——评特级教师李国娟《数独法推理》

今天听了特级教师李国娟老师的《数独法推理》，又给了我新的感悟。这一节是我们学习《数独》的第二课时，是在学生感受、体验了表格法推理的好处，渗透了行与列的教学基础上进行教学的。

在这节课上，李特首先复习了表格法的推理，让学生在表格中欣赏到了小红、小丽、小刚都各拿一本书，跟数独数字的"唯一性"进行了打通，很好地让学生体会到两节课推理的方法是一样的。由熟悉的表格变到空格，水到渠成地引出了数独，不会让学生觉得数独这个知识点很陌生，有利于很好地开展教学。在这节课中，最让我印象深刻的是李特一直注重的是孩子的思考过程，而不是解题的结果，一直在培养孩子学会思考，让她的课堂真正地成为了孩子们提升思维的殿堂。

片段一：先思考后做题

在这节课中，我经常能听到李特说："孩子们，我们先思考，再做题"；"先思考，再和你的同桌交流一下自己的想法"。作为数学老师，尤其是低段的数学老师，我们往往会忽略了孩子们独立思考的时间。因为孩子们的学习内容比较简单，一个题目抛出后，很多孩子们看到题目，立马就会闪现出答案，有的马上就开始动笔做题，有的就会直接说出答案，一些默默无闻者仍然是一言不发，他们缺乏思考的时间，长此以往地就会懒于去思考。也有老师会走入这样一个误区：孩子们会做就行了，作对就行了。那这样真的有利于孩子思维的发展吗？今天，李特在这一节课上就给了我们新的答案：教师在课堂中要学会等待，给予孩子充足的思考时间，这样我们的孩子才会越来越棒。因为孩子们有了思考的时间，对题目就会有自己的想法，在交流时才会各抒己见。不管一开始的想法是对还是错，我们会发现孩子们说着说着，发现自己想法错了，就会马上纠正。孩子们有想法，敢于表达自己的想法，不仅激起了孩子们学习的兴趣，而且给了孩子们学习的自信。

片段二：留空的表格

在解决"A 是几"这道题目时，李特同样是让孩子们先独立思考，再在四人小组内交流。孩子第一次接触数独这一类题，所以在解题时，李特给了孩子一个提示句：第一次找哪一个空格下手。在学生碰到疑惑时，教师很好地担任了学生学习的引导者，让孩子们在解题时有处可寻。但在交流的时候，学生以小老师的身份来台上讲解，李特并没有拿笔把答案写上去。待几次交流之后，孩子们找到了行的空格，列的空格及行和列的空格，把第一次能填的空格全部找了出来。在这个环节中，李特都没有把孩子们说出的答案写在空格中，不正是提升孩子们思维的一个很好的契机吗？填上数字，降低了难点，不利于孩子们的思维碰撞。没有写答案，更有利于提升孩子们的空间想象能力，提升孩子们的思考能力。正是有了这样的一个思考过程，孩子的思维在碰撞，碰撞出更多的火花，三个孩子从不一样的答案，渐渐地找到了同一个答案，他们的思维就靠近了。也许这节课只有 1 个、2 个孩子会这样说、这样想，但相信在李特这样的课堂引领下，我们一定能发现孩子们越来越会思考了，越来越会表达了。

学会一点数学知识，只能管一阵子，若学会了思考问题的方法，就能管一辈子。就像李特所说，思维训练，必须从一年级抓起，从每一节数学课抓起。低年级如果缺乏思维的训练，那么孩子们就会慢慢缺乏思考的能力，到了高年级，他们甚至忘了思考的方法，所以，低段学生的思维训练刻不容缓，让每一节数学课都能成为孩子们提升思维的殿堂。李特的这一节课，给了我们新的启示。

《4×4 数独》推理评课系列

借助经验，学习新知
——评特级教师李国娟《4×4 数独》

今天，我听了李国娟特级教师《数独》一课，让我对学生的学习方式有了新的认识。

在这一节课的开始，李特先是复习了 3×3 的填数游戏，让学生找一找可以第一次下手的空格。在找的过程中，李特还是强调先思考，不急填数字。学生根据前两节课的学习，很快地找到了3 处可以第一次下手的空格。但这并没有结束，学生不仅要会做题，而且还要学会总结。正是经历了独立思考，全班交流，学生自然而然地总结出了学习经验：行已有 2 个数字，可以推理出空格（　　）；列已有 2 个数字，可以推理出空格（　　）；行和列已有 2 个数字，可以推理出空格（　　）。

借用这一条学习经验，当李特出示 4×4 的填数游戏时，学生马上就能想到现在在行和列之中要找到 3 个数字，才能推理出空格（　　）。在这个学习过程中，学生根本不需要教师的再三讲解，自己就能悟出解题的方法。我想这就是我们所说的迁移经验吧。所谓迁移，就是指一种知识、技能，甚至于方法和态度的学习对另一种知识、技能、方法、态度的学习产生的影响。正是李特在教学上进行了正确的学习指导，学生的学习迁移才如此显著。李特的这一课，又给了我新的启示。

教学中的"等待"艺术
——评特级教师李国娟《数独法推理》

2017 年 3 月 8 日上午有幸聆听了特级教师李国娟老师的《数独法推理》。本课时是拓展性课程"数独"内容的第三课时，在前两节课对表格的初识以及表格中行列等知识点充分理解的基础上，进行的数独知识点的渗透。导师在前两节课的铺垫下，给我们展现了一堂精彩纷呈的教学课堂，特别是课堂教学中的"等待"艺术，让听课的我敬佩不已。

1. 抑扬顿挫，节奏明朗的读题艺术

（复习导入）片段一：

师：表格中我们了解到了……

生：小红、小丽、各拿一本书。

师：通过表格的第一行我们可以推理出……

生：小红拿语文书，那么小红就不能拿数学和品德书。

师：再看表格的第一列我们可以推理出……

生：小红拿语文书，那么小丽和小刚就不拿语文书。

在复习旧知中，老师一边指着题目，一边只给学生提供前半部分题目，后半部分知识点并没有和盘托出，而是需要孩子们注意力非常集中的回忆知识点，勾起了学生对旧知的重识，为新授部分打下良好基础。教学犹如音乐，教师在课堂旋律中抑扬顿挫、节奏明朗的朗读与讲解就是教学的节奏，因为教学中教师讲授的知识输入学生的大脑，有一个处理、转换的过程，或者是在理解的基础上储存，或者随之转化成能力，这都需要一个回味、整理的时间，教师的"等待"式读题艺术给了孩子充分思考的时间。

2. 给学生自主学习提供了"静思"的空间。

当由表格过渡到"数独"知识点中，李老师让学生观察并思考两分钟："原先的表格与现在呈现在我们面前的'表'有何不同？"指令一发出，台下的孩子立刻安静下来，从孩子们的眼神中让我们看到了他们此刻思维与思维的碰撞。研究表明：人在静思的时候，思绪是迅疾的。因为静思要求学习主体的注意力高度集中，这样才可以使他们积极思考的特点得到更大的发挥，从而对学习内容有更高层次的理解、感悟，思维才能在最大程度上予以激发，正所谓的"此时无声胜有声"。

3. 课堂中的"等待"艺术为合学提供学习的温床。

（新授）片段二：

师：这些神奇的数字就是"数独"每个数字在每行每列都只能出现一次，请你猜一猜 A 应该填几？我从哪一格最先下手？

1		3
	A	
		2

生：从第一行第一、二格入手，因为第一行已经有了 1 和 3 所以……

师：嗯，还有别的想法吗？（思考 30 秒）

生：我觉得从第三列第二格开始，因为第三列已经有了 3 和 2 所以……

师：小朋友能清楚地说明行和列，老师真为你们前一节的学习高兴，接着老师再给小朋友几分钟思考时间，你肯定还能想到更好的方法，开始……

生：（2～3 分钟后，一生兴奋地举起右手）老师我发现了，我来说！

师：好的，欢迎。

生：我觉得还可以从第一列和第三行交叉的这个空格先下手，因为第一列已经出现 1，第三行已经出现了 2，那么他们交叉的地方就不能再出现这两个数字了，由此我可以判断这里就可以填 3。

师：这个小朋友说得真棒，他把数独的"唯一"性进行了很好的诠释。大家一起来看……

此片段中，老师一次又一次地留给孩子们充分的思考时间，抽丝剥茧似的层层深入，每一次的思考都为进一步探究新知埋下了种子，学生在等待的时间里，时而皱眉沉思，时而用手比划，时而窃窃私语，时而相互争论……他们静思时的专注，比划时的忘我，争论时的专注，无数次的思维碰撞与升华，仿佛在诠释着研究的真谛，无比彰显出探究的魅力。

课堂"等待"是一门艺术，它让学生带着疑问去思考、去讨论、去总结。使自己在思考中不断清晰、顿悟、提升。让数学课堂在相互质疑中不断升华，因此课堂等待是经验的积淀，也是思维的延续，是"头脑风暴法"能得以体现的重要手段与途径，作为一线教师的我们应该多学习导师的课堂艺术，让自己在教学中能有一个质的飞跃。

《四宫数独》推理评课系列

耐心创造美
——《四宫数独》听课有感

《四宫数独》是学生在学习了"3×3数独""4×4数独"的基础上进行教学的，同时，也是第一次接触到名词"宫"，课中，李老师的耐心等待，充分体现了学生是课堂的主体，同时，让学生在体验推理的过程中，真正获得了经验。

一、在"耐心"中领悟

在课一开始，李老师向学生们介绍数独中的专有名词，"行、列、格、宫"，让学生在反复的交流中，将特定的格用数学化的语言简单明了地表达出来。如：认识格。

师：谁愿意大胆地做做创造家？

生1：A行1列。

师：A行1列交叉的地方直接可以称呼它A1。

教师点，学生说A2，A3，A4，B4。

通过这样反复的操练，不但减少了学生畏难的心情，而且激发了学生的学习兴趣，为本课能顺利教学做了很好的铺垫。

二、在活动中体验

《标准》在建议中指出："要创设与学生生活环境、知识背景相关的，又是学生感兴趣的学习情境，让学生在观察、操作、猜测、交流等活动中逐渐体会数学知识的产生、形成与发展的过程，获得积极的情感体验。"这节课李老师抓住数独这个游戏，让学生找突破口，虽然游戏本身也是解决问题，但课堂上不是急于解决问题。如：

师：现在我们就走进四宫数独。在下面的方格中，每行、每列，每一个粗线宫都有1~4这四个数，并且每个数在每行、每列、每一个粗线宫都只出现一次。B应该是几？

师：这一个宫只能出现1~4。随着宫的出现，我相信二（4）班的孩子们的思维一定会越来越被激活。刚才我们不做题目，已经找到了两个突破口，现在每一宫只能出现1~4，你还能找到别的突破口吗？

师：像刚才的经验那样，同桌两个孩子商量一下。

李老师让学生体验合情推理的思维过程，借助"因为……所以……"的引导，帮助学生学会用准确完整地语言表达推理的思维过程。在"小老师"的角色转化中，使学生化被动为主动，主动思考并参与到学习中来。让学生不断地找突破口，在此过程中引导学生层层深入地分析，促进学生思维的发展，帮助学生掌握了解决数独问题的一般方法，即找到每行每列不同数字最多的，同时，再考虑中宫，只要在行、列、宫中出现三个不同的数字，那么我们就可以推理出第四个空格。学生在李老师的引导下，在数学活动中主动参与，亲身经历，体验简单推理的过程，获得了对简单推理初步的理性认识和情感体验。

三、关注起点，寻找知识的衔接点

数学对于儿童来讲是抽象的、陌生的，这节课逻辑性的推理对学生来说更是如此。但通过直观的、形象的手语提醒，在儿童的知识经验里，已经储备了一些合情推理的知识经验，这节课李老师正是抓住第一点，学生的思维起点，在交流中充分利用对学、补学、导学，让学生体验到"数学就在我的身边、我就在数学之中"，增强了学生对数学的兴趣和信心。

思维的培养需要耐心，只有教师在课堂中耐心地等待，才能激发学生的兴趣，才能促进学生思维的发展，才能看到耐心背后的那一种"美"。

突破宫的妙招
——评特级教师李国娟《四宫数独》

今天听了特级教师李国娟老师的《四宫数独》，又给了我新的感悟。名师出品，确实不同凡响。相比较之前自己的一节课，确实可以感到自己课的不成熟。李特课堂的睿智、大气，尤其是李特在课堂中对宫这个知识点的突破，让我感触颇深。

片段：

师：孩子们，观察这张表，和我们以前用的 4×4 空格有什么不一样的地方？

生1：这里都是 4 个 4 个的。

师：你怎样发现它是 4 个 4 个的？

生2：因为以前这里的线很细的，现在变得很粗了。

师：今天这里你发现粗线了，是吧。孩子们，这里出现了粗线，这两条粗线把这么多格子怎么样？

生：这两条粗线把这么多格子都分成了 4 个区域，每一个区域都有 4 格。

师：而且每一个区域都是 2×2。在数独中，我们把这样的区域称为宫。所有女生，读一读什么是宫。

生：（女齐）宫：由一组被粗线划分的 2×2 格子围成的区域，用中文数字区分它们的位置，如一宫

师：孩子们，李老师摸着的这个区域叫什么？

生：宫。

师：我来称呼它好吗？一宫。

生：一宫，二宫，三宫，四宫。（老师点，学生说）

师：同桌两个孩子一个点一个说称呼它一下，等一下调过来。

教师板书课题：四宫数独

在这一个环节中，李特把空格用粗、细线条区分，学生只要一看，就很容易发现四个区域，从而水到渠成地可以引出"宫"的概念。相比较以往概念的教学，许多教师都会采取讲授式的方法，老师讲，学生接受知识。可不想这样的方式，实际上就是让

学生强行接受新知，学生根本无法及时消化。这样的教学后果就是老师总会觉得我讲了这么多次，学生怎么还是记不住。而李特却不一样，她是站在学生的角度，根据学生的认知来教授新知的。让学生通过自己观察表格，发现新知，从而获得成功的喜悦。学生亲身经历获得新知的过程，不用教师多加讲授，学生定会印象深刻，这正与我们李特工作室提出的"体验"理念不谋而合。

听李特的课，给我的课堂教学有了更多启示。李特说过，她的课堂眼里只有学生，关注学生的认知，所有知识点的出现都是来自学生自我发现，而不是教师讲授。是的，正是这样的教学方式，李特的课堂才会如此出彩。

培养学生的发散性思维
——评李国娟"四宫数独行列交叉法"

今天听了李特"四宫数独行列交叉法"的课，对课堂教育中教师对学生思维培养的方式感触较深。

小学生处于具体形象思维向逻辑思维过渡阶段。由于年龄和认知特点的局限性，学生在解决数学问题时往往仅仅局限于表面现象而无法探究其内在规律与特征，因此，在课堂教学中不仅要让学生参与知识的习得过程，在不断体验中学习新知，更要引导学生通过收集、观察、操作、比较等方法筛选信息，进行有序思考。让思维训练从一维到多维不断地提升。

一、创设合理情境，给学生以充分想象空间，提取有用的数学信息

教师创设学生感兴趣的课堂情景，让学生在生与生、生与教

材、生与师的多角度交流中，提取有用的数学信息，对新知的进一步讲授具有重要的指引和导向作用。

课堂片段：

师：请小朋友观察，这里有几个空格？（同桌讨论 1 分钟）

生：有 16 格。

师：你是怎么想的？

生 1：行有 4 格，列有 4 格，所以 4×4 等于 16。

生 2：我是这样想的：第一粗线格中有 4 个小格，那么这样的粗线格有四个，就是 4×4 等于 16 格。

生 3：我想第一大格 2×2 等于四格，那么有这样的四大格就是 4×4 等于 16 格。

学生的思维活跃，各谈各的想法，教师一一进行肯定与回答，在师生的共同交流中，让学生学会有序提取有用信息，为进一步解题打好基础。这样的学习，学生获得的不仅仅是知识，更重要的是获得了数学学习的方法和有序思维的思想和策略，而方法对于学生学习其他知识亦有十分重要的用处。

二、提供多维度的解题方法，拓展学生思维空间

教材涉及的内容往往要考虑适合学生理解和接受的方式，不可能联系到各个细节深处，作为教师要认真分析编者意图，进行二次开发教材，充实教材，引导学生有序认知和思维。

4	√1	2	3
3		1	√5
	4	√2	√4
√3		4	2

片段二：

师：你会选择哪个空格先下手填数？

生1：我会先填"√1"，因为第一行中已经有了4、2、3。

师：哦，你是从行的角度来填数的。

生2：我会先填"√2"，因为第三列中已经有了2、1、4。

师：哦，你重点观察了第三列中的情况。

生3：我选择填"√3"，因为行和列已经出现2、4、3，所以推理空格就是1。

师：嗯，这个小朋友利用了行列交叉出现三个已知数来推理结果的，不错。

生4：我会先填"√4"，因为第四宫已经出现4、2，那么"√4"应该有1、3的可能，但再看第四列中已经出现3，所以"√4"就只能填1。

师：这位小朋友采用的是今天学的"同个宫内不重复出现相同数字来考虑的"。

生5：我会从第二宫下手，先填"√5"，因为第二宫已经出现数字1、2、3，所以"√5"只能填4。

师：你就更加棒了，你先考虑宫，再联系与之相联系的行列，你的思维发散更加活跃了。

课堂上，李特在前几节课讲的行和列、行列交叉推理的解题和本课讲的"宫"的基础上，让学生说说自己的解题方法，学生们方法多样化，思维梯度呈螺旋式上升，这样的教学方式把学生的思维进行了很好的拓展与延伸。

发散思维是创造性思维活动中不可缺少的重要组成部分，所以，在教学过程中，一定要让学生的发散思维能力得到锻炼。

听课随笔系列

独特的课堂，展示数独的美

数独是一种运用纸、笔进行演算的逻辑游戏，内容很有趣，需要孩子有较强的推理能力和解决问题的能力才能完成。李老师注重培养学生主动思考、主动探究，并表达自己的思考过程，每个环节有具体的要求，让学生真正走进数学，体现了以学生为主体的教学过程，培养了学生的学习能力。

课堂上李老师通过对学生所展示出来的能力给予高度的表扬，来极大地增强孩子学习的自信心，不仅提高了学生的学习兴趣，而且增强了学生对自我的认识水平。整堂课，老师始终面带和蔼的微笑，对于学生漂亮的发言，总是给予学生掌声和赞扬声，让学生感受到成功的喜悦感。对于回答不出或回答不完整的学生，老师也耐心地加以启示、引导、点拨。让学生感受到回答不出或是回答错了也不要紧，让学生处处、时时感受到老师的温暖，课堂气氛、融洽的和谐。

关注学生体验，让思维飞跃

一、关注学生，以学生为主，凸出学生的主体地位

学生是课堂的主体，在教学时，要引导着学生往前走，不能代替学生，学生如果有不明白的地方，教师要给予等待的时间，或让学生来邀请帮助的人，而不是教师来指派，从而凸显出学生在课堂上的主体地位，李校长让学生作为小老师说出自己的思维

过程就是把课堂还给了学生，她并不是一味地讲授，当小老师遇到表达困难时，李校长也把选择的权利交还给学生，让学生自己互动，充分体现学生的课堂主体性。

二、让学生多思多讲，注重数学思维的培养

教师是课堂的引导者，在李校长的课上，学生彼此之间用同桌交流、小组讨论等不同的形式进行思维训练，并积极发言。以学生为主体的教学方式不仅调动了学生的课堂积极性，也让学生在交流时感受到从同伴的交流中也能提升自己的思维！"授之以鱼，不如授之以渔"，教会学生思考问题的办法，对于他们今后学习，是有帮助的，也许一时无法看到成效，但从长远看，学生对问题的思考策略越多，解决数学问题的办法也就越多！

3. 学生即时评价

《趣味数独》课堂参与评价表

《趣味数独》课堂参与评价表

《趣味数独》课堂参与评价表

学生课堂作业纸

4. 学生评课程

大家好！我是二（4）班的薛俊远，这学期我选学了"趣味数独"这门拓展课，让我受益匪浅。这是一门非常有趣的课程，它训练了我的逻辑思维能力，也开发了我的"最强大脑"。解数独题时，我时而欢呼雀跃，时而愁眉苦脸，时而垂头丧气又时而欣喜若狂……这些都是"趣味数独"课带给我的快乐与体验。同时，有趣的数独题还让我懂得了做事要专心致志，考虑问题要周密详尽！看到我的收获相信大家也想加入到"数独"的学习中来了吧？那么就拿出你的行动，快快加入我们的团队，让我们一起遨游在有趣的数学王国中吧！

大家好！我是二（2）班的孔一茗，我很喜欢学习数独。一开始我看到数独的题目觉得好难，总是试来试去，做一道题目花了好长时间。但老师教过我后，我发现只要先找到那些行列里面数字多的格子，然后用排除法就能推断出来了。这让我做题速度快了很多。爸爸总是说他数学学得不错，但我和爸爸比赛的时候，我们打成了平局！这一点让我觉得自己好厉害！

大家好！我是二（3）班的凌滔。这学期开始，我们班新增

了一门数独课，这是一门益智又有趣的课。李老师上课很有意思，同学们在下面听得非常认真，回答问题非常积极。有一次，我幸运地去到黑板前做题目，我还答对了，受到了李校长的表扬！

大家好！我是二（3）班的朱梓萱。这学期，李老师给我们上了好几次的数独课了。每次，后面都会有另外的老师听课。有一次还有一台摄像机，把我们的表现都拍了下来。刚开始，我们都有点害怕，不敢举手，生怕自己回答错误。可是李校长是一位和蔼可亲的老师，她经常地鼓励我们，表扬我们，慢慢地，举手的同学越来越多了！我们都很喜欢李老师的课！

大家好！我是周知灏。数独是一门有趣的课程，每次上课的时候，李老师总给我们出很多有趣的题目，让我们想个够！回家的时候，我用李老师的题目考妈妈，还把妈妈给难住了！后来，妈妈在手机上下载了一个专门做数独题的APP。妈妈说，她要好

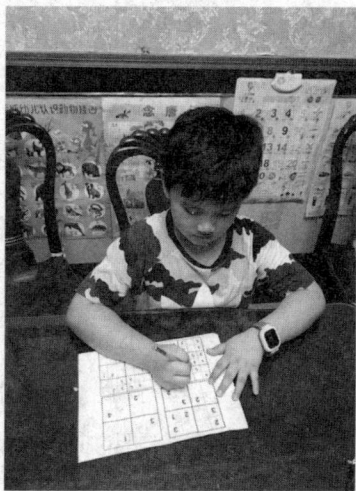

好地练习，再与我比赛！

　　大家好！我是周子涵。数独非常有
趣，有趣在哪里呢？比如：数独不用写
汉字，不用打"√"打"×"，只用数
字表示。李老师上课时很温柔，一点都
没有我印象中校长很凶的样子。李老师
说的话很具体，还会用上手势，我们都
听得很明白。一开始，我们举手的人很
少，现在，我们班的同学都争着抢着回答问题！

　　　　　　　　　大家好！我是寿毅诚。我觉得数独
　　　　　　　　课很有意思！数独游戏不是随便猜猜就
　　　　　　　　能完成的，要集中注意力，还要有耐心，
　　　　　　　　因为每一行、每一列、每一宫，一个数
　　　　　　　　字都只能出现一次。一开始，我们都不
　　　　　　　　知道怎么做，现在，九宫的题目都难不
　　　　　　　　倒我！妈妈还在平板上给我下载了数独
　　　　　　　　的游戏，每当我完成了一个，我就特别
　　　　　　　　高兴！我还会跟姐姐比赛，看谁先做完！
数独不但好玩，还能提高思维能力，真是一举两得啊！

　　大家好！我是王钰周。我家有一
副数独牌，以前我爸爸教过我怎么
下，可是我不是很明白，每次都赢不
了爸爸。这学期上了李校长的数独
课，回家再与爸爸比试，爸爸夸我有
了很大的进步！

5. 走班选课

学生经历了第一单元的学习，对数独产生了浓厚的兴趣。接下来还有三个单元的学习，我们采用走班选课的形式，让有潜力、有兴趣的学生自主进行选择，并在每周三下午到"趣味数独"社学习。

招募学员啦！

小朋友：如果你想拥有"最强大脑"，如果你想挑战自我，如果你想秀出自我，请赶快加入我们的"趣味数独"社团吧！

这里是数独的世界，对于喜爱数独的新手们，我们有最诚意的耐心为你解惑！

对于擅长数独的高手们，这将是你大显身手的舞台！做一做！

趣味数独社团报名现场

趣味数独社团报名现场

我是小小工作人员

我被录取了

我们终于成为趣味数独社的一员了

6. 附件

（1）专题论文

让学生的思维从一维提升到多维
——以二年级下册推理引发的《趣味数独》拓展性课程的思考
柯桥区柯岩中心小学　李国娟

内容摘要：

为了让学生的思维从一维上升到多维，以"表格"为载体，将"选言推理"与"数独法"推理结合起来。尤其是通过"趣味数独"的训练，提高学生的思维能力，促使学生越"玩"越聪明。

关键词：表格　数独　一维　多维

正文：

一维思维是相对于多维思维而言的。多维思维主要目的是尽可能破除一维思维的框框，毕竟一维思维是我们的常规思想模式。一维思维的特点是直线思维、惯性思维等。打个比方：一根直线是一维的，一根曲线则是二维的。一个平面是二维的。体是三维的。简单点也可以说二维及二维以上的思维体系，它"定位"一个事物在某一个时空点的状态，可以有两个值或多个值，也就是可以有 X、Y、Z 等多个坐标值。

在当今核心素养大背景下，根据 2015 年 3 月 26 日，浙江省教育厅发布《关于深化义务教育课程改革的指导意见》文件精神，要满足学生的个性化学习需求，尤其是需要思维的优化，从一维提升到多维。

一、缘起

二下数学广角——推理，教材把"选言推理例1"和"数独例2"放在一起，两者并不是独立存在的，而是有着紧密联系的。

选言推理，分为相容选言推理和不相容选言推理。不相容选言推理：大前提是个不相容的选言判断，小前提肯定其中一个选言支，结论则否定其他选言支；小前提否定除其中一个以外的选言支，结论则肯定剩下的那个选言支。例如：小丽拿一本书，要么拿语文书，要么拿数学书，要么拿品德与生活书，现在小丽不拿语文书和数学书。所以，小丽拿品德与生活书。

数独是例1的一种延续，而数独的思想恰恰能让学生的思维从一维提升到多维。为此，我们对二年级下册学生开展拓展性课程《趣味数独》。

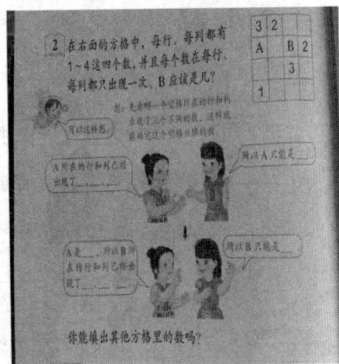

二、目前的现状

1. 低段数学教师多维思维的缺失。

在现实教学中，90%的低段教师没有将例1和例2两个例题联系在一起教学，他们认为是孤立分开的，没有将两者打通，就题依题进行教学，所以学生的思维是支离破碎的，无法举一反三。更值得提醒的是低段数学教师多是语数包班，他们本身思维的单一以及在教学中多维思维的缺失。如：教学"例1 有语文、数学和品德与生活三本书，下面三人各拿一本。小刚拿的是什么书？小丽呢？"

绝大部分教师喜欢用语言描述推理过程；也有老师考虑到二年级学生，年龄较小，光用语言表达不够直观，会借助连线表示；只有小部分教师鼓励学生利用表格行和列的分析帮助学生推理，认识到这种方法不仅直观，还能使每位学生的推理过程更加清晰。但即使用了"表格法"，他们并不知道将例1（选言推理）和例2（数独）能打通的最好方法是"表格法"，从而让学生的思维从一维上升到二维。

再如：2017 年 2 月 14 日数学拓展课程实践专题研讨会上，出示：在下面的方格中，每行、每列都有 1~3 这 3 个数，并且每个数在每行、每列中都只出现一次。A 应该是几？怎样填？用什么方法？指名某老师（低段数学老师）答：第一行第二个空格数是 2，因为第一行应该是 1、2、3 三个数，现在已经有 1、3 两个数了；也可以抓住第三列第二个空格数是 1……抓住一行一列中都有两个不同的数；也就是在"3×3"的填数中，思考经验为：

每行每列上出现两个不同的数，就能填出第三个数。用找准突破口的经验进行解决问题时，尽管同行、同列中数字的特点被注意起来了，但是思维还是停留在一维，没有从行与列交叉处着手思考，如：红与黑交叉的格子可以填3，（第一列与第三行交叉处这个思考突破口一下子找不出来），我们老师的思维也没跳出来……所以必须抓住第一节课例1的列表法分析，让我们的老师有这方面的意识，思维力的提升是重要的。

1		3
	A	
		2

更有许多老师不知道"列表法"与"数独"在"方格、行、列"等组成元素上是相通的。

2. 课堂上学生认为"表格"繁琐。

当课堂发生碰撞，交流大家比较喜欢哪种方法时，许多学生选择：在语言描述中感受选言推理的雏形。也

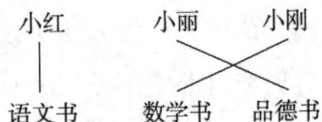

小红　　小丽　　小刚

语文书　数学书　品德书

有选择：在连线图示中享受推理的结论。连线的方法过程简洁、结论明白，能直观地欣赏到推理得到的结论。让学生选择表格法是在鼓励与比较中进行的：利用列表法渗透纵横推理的思想，让学生有意识地能根据一个条件尽可能多的确定或排除一些可能性，老师鼓励学生用列表法记录自己的推理过程。如：用标记记录三个人拿书的情况：拿的用"√"表示、不拿的用"×"表示，我们就可以边利用剩下的已知信息边完成表格。小红拿的是语文书，在小红与语文书交叉的地方打"√"，横向推理，小红

就不能再拿数学与品德书了，于是用"×"表示；根据"小红拿的是语文书"可以横向思考得出另外两个结论，那么纵向思考会出现小丽、小刚不能拿语文书了……

	语文书	数学书	品德书
小红	√	×	×
小丽	×		
小刚	×		

列表法既能体现推理过程，又能呈现推理结果，还能培养学生纵横推理的思考方式，这样就顺利提升思维的维度。同一道题用了不同的表示方法，尽管"列表法"的优势是十分明显的，为了将来进一步学习有关知识是必须积累的基本活动经验；但选择自己喜欢的方法表示时，还有一小部分学生认为画表格繁琐……通过教师组织学生展开讨论，多次比较每种方法的优势，并再次让学生观赏表格中的丰富信息与结论，以及谈到下节课要用这种方法解决问题时，学生才慢慢喜欢上"列表法"。可见，一开始学生喜欢一维思维的居多。

基于教材的相通性以及师生的思维现状，有必要增加思维训练，让师生共同成长、发展。

三、开发《趣味数独》拓展性课程的几点思考：

以教材中的两个例题开发一个拓展性课程的案例无处查找，因而我们只能从零开始，逐步摸索着前进，以下是几点粗浅思考：

（一）"表示法"的拓展

通过设计以例1为摹本的第一课教材，下图是改编之后的自创教材，对原本教材中选言、连线的方法进行拓展，在编写时添上了"小精灵推荐的一种列表法"，并在小红这一行、语文这一列交叉的地方打了一个"√"。

1. 列表法推理

有语文、数学和品德与生活三本书，下面三人各拿一本。小刚拿的是什么书？小丽呢？

我把人名和书名写成两行，再连线。

小红 小丽 小刚
语文 数学 品德与生活

小丽拿的不是数学书，可以肯定……

用列表法就更清楚了。

	语文	数学	品德与生活
小红	√		
小丽			
小刚			

做一做

丹丹、红红和玲玲三个小朋友身高不同，玲玲说："我不是最高的。"红红说："我不是最高的也不是最矮

你能用列表法解决吗？

160

的。"她们三个人谁最高？谁最矮？

这样的教材，学生马上能体验到：肯定一项能否定多项，那么，小红这一行、数学这一列交叉的地方只能打"×"；同理：小红不拿品德与生活书以及小丽、小刚不能拿语文书……

	语文书	数学书	品德书
小红	√	×	×
小丽	×		
小刚	×		

本节课教学引入"微课"的形式，整个视频用时 4 分 18 秒，教学了用列表进行推理的过程，从课堂教学效果看，是非常不错的。

首先，在"微课"教学内容中，由于视频内容设计层层递进，同时，学生又迫切需要一种既方便又简洁的推理方法。所以，学生将观看视频的"兴趣"内化为了研究的动力，学习主动性油然而生。

其次，当"微课"视频播放结束后，学生用列表推理了较复杂的信息，将视频教学内容自觉加以运用，充分利用"行"与"列"交叉点评判信息，一张张"完美"的表格呈现在我们面前。此时，学生普遍认为"表格"能将已知信息一一展现出来，并方便判断，得出推理结果。同时，也让学生感受到了肯定、排除思想的运用。

最后，"微课"视频对学生的核心素养的提升，起到了推波助澜的作用。在"微课"视频教学中，教师耐心细致地演绎着用表格进行推理，学生一个个聚精会神地看着视频，播放结束后，安排小组进行合作交流，并通过自我探索将知识运用于实践。在这过程中，我们不难发现对学生的自学提出了更高的要求，他们完全没有老师的现场指导，只跟着视频完成表格信息的填写，然后通过交流合作，用学到的知识解决更复杂的问题，这些"自学""交流合作""知识运用"等能力的锻炼与培养，不正与核心素养中的"学会学习""科学精神""实践创新"等素养不谋而合吗！

（二）数独法解决问题的拓展

在前两节课的基础上，设计出了如下教材。

162

	语文书	数学书	品德与生活
小红	√	×	×
小丽	×	×	√
小刚	×	√	×

已有知识

√	×	×
×	×	√
	√	×

→

（去掉标头）剩下标记符号与方格

→

删除所有标记符号只剩下空格

1		3
	A	
		2

变成数独雏形

教学这个内容时，通过不断的观察、分析、讨论，出现：用1～3个数字进行填写，根据先填写哪一个空格，有的选择填第一行第二列，有的选择填第三列第二行，还有的抓住第一列与第三行交叉处进行填写，我们发现学生的思维提升了，由一维上升到二维。这时，让学生思考：在刚才的学习经历中，它们有什么共同的地方？原来它们都是抓住一行一列或行列交叉中都有两个不同的数；也就是在"3×3"的填数中，思考经验为：每行每列上出现两个不同的数。逐步将这个思考经验进行积累，为以后的学习服务。

（三）行与列拓展到宫

有了"3×3"的学习经验拓展到"4×4"即"4字标准数独"，再拓展到《趣味数独》教材中对"宫"的认识，一直拓展到"6字标准数独与9字标准数独"。数独解决需要行列分析、纵横思考、然后再考虑到宫，达到多维思维，但经验不变，如："4字标准数独"可先找准每行、每列、每宫出现三个不同的数，这样就能找出第四个数了；又如："6字标准数独"可先找准每行、每列、每宫出现五个不同的数，就能找出第六个数了。进行过这样思维训练的学生思维空间是十分广阔的了。当然，为了增加趣味性我们还从数独的花样上如："雪花数独"等翻新……

（四）《趣味数独》拓展性课程的评价

1. 课堂的即时评价

课堂中我们教师需要时刻关注学生的"学"，即学生在课堂上的行为表现、情感体验、过程参与、合作探究等，及时进行评价，采用右边的表格进行自评、互评、教师评等形式，综合评定学生在拓展课程中的参与程度。

《趣味数独》课堂参与评价表

评价内容		自评	互评	师评
学习参与状态	积极参与，认真倾听。	☆☆☆	☆☆☆	（　）☆
	积极举手，不懂就问。	☆☆☆	☆☆☆	（　）☆
	敢于提问，善于思考。	☆☆☆	☆☆☆	（　）☆
学习交往状态	乐于交流，善于讨论。	☆☆☆	☆☆☆	（　）☆
	大胆尝试，愿意合作。	☆☆☆	☆☆☆	（　）☆
	虚心诚恳，扬长避短。	☆☆☆	☆☆☆	（　）☆
学习思维状态	独立思考，勤于表达。	☆☆☆	☆☆☆	（　）☆
	不畏困难，努力探究。	☆☆☆	☆☆☆	（　）☆
	勇于创新，善于反思。	☆☆☆	☆☆☆	（　）☆
我得的星总数		共（　）题		

2. 采用成果评价

（1）针对每节课不同的数独内容，进行一个分层次闯关游戏，体现本节课学生在课堂中的效率，但要保证认真参与的学生都可以获得一星级，想获得更高星级的，可以继续挑战，这样，能激发不同层次学生的学习潜能，也能激发学生对数学的兴趣。

（2）《趣味数独》全部学习完之后，进行一次竞赛，达到三星就可以过关，颁发"数独小能手"奖章；达到五星就可以获得"数独小达人"奖章。

通过对"趣味数独"这一系列知识的学习，使二年级的孩子不仅能运用逻辑思考解决问题，而且能让思维出现多端性，得到发散训练，积累了思维经验。数独的"行、列、宫"三维分析带给学生轻松的解题思路，带给学生有序的思考习惯，带给学生更加聪明的大脑，让学生更快乐地学习数学。

让学生的思维从"线性"上升到"块状"

柯桥区柯岩中心小学 李国娟

如果说"行或列"是线性思维，那么"宫"是区域范围了，"宫"是由一组被粗线划分的 N×N 格子围成的区域，是属于块状思维了，如何让学生的思维由"线性思维"上升到"块状思维"，是训练学生思维过程中要讲究的重点之一。讲课方式方法达到自觉过渡，就能增强学生的思维体验，从而实现学生思维的多维性。现以课堂中的一个练习题为例，谈谈自己的做法。

如：下题中，每行、每列、每宫都有 1~4 这四个数，并且每个数在每行、每列、每宫都只出现一次。你能将表格填完整吗？

	1	2	3	4
A	4		2	3
B	3		1	
C		4		
D			4	2

老师要求学生独立思考，第一次找到解题突破口的空格是哪一个？理由是什么？先独立思考后与同桌交流再全班指名小老师上台与大家分享，在分享的过程中，接二连三地小老师上来，谈到 3 列已有 2、1、4，推理出 C3 是 3；又谈到 A 行已有 4、2、3，推理出 A2 是 1；也有谈到 1 列已有 4、3 和 D 行已有 4、2，推理出 D1 是 1；B 行已有 3，1 和 2 列已有 4，推理出 B2 是 2；C 行已有 4 和 4 列已有 3、2，推理出 C4 是 1……就是很少有学生谈到"宫"内数字的特点，要让学生经历"宫"的块状思维，老师让

学生经历了：

一、摸一摸"宫"

上题的"宫"是被粗线划分为 2×2 格子围成的区域，大家一起摸一摸一宫、二宫、三宫、四宫；在摸的过程中，让学生感受一片一片的区域，同一区域该是整体考虑的。

二、看一看数字

观察并比较每宫出现的数字是多少：一宫已有 3、4；二宫已有 2、3、1；三宫已有 4；四宫已有 4、2；观察数字的个数，为宫内的空格推理是直接推理还是间接推理打下基础。

三、选一选

哪一宫能直接推理出空格，为什么？通过观察、比较，做出判断：二宫已有 2、3、1；可以直接推理空格"B4"是 4；将学生的视线慢慢引向盯住"宫"内数字特点。

四、达成共识

"宫"内数字最多，最好是"宫"内已有 3 个数字直接推理出空格是几。当然，"B4"空格作为突破口，还可以从 B 行已有 1，3 和 4 列已有 3、2，推理出 B4 是 4。两种方法哪种更快捷又方便，当然是"宫"内已有 3 个数字推理出第 4 个数字的方法方便；

五、追问并追思

"宫"内有 2 个数字的，如"一宫"内已有 4、3 两个数字，空格 A2 与 B2 可以作为突破口吗？经过研究、交流、碰撞等发现：

1. A2 有两种可能，要么是 1，要么是 2。根据一宫内数字的特点。已有 4、3，尽管不能推理出结论，但可以确定数字的范围。其实，能推理出数字范围也是学生思考问题的极好方法。

2. A2 不能是 2，只能是 1。因为观察宫内数字特点的同时，考虑到 A 行的数字特点，向远处观察发现已有 2、3，所以 A2 不能是 2、3。

3. A2 确定了，B2 也确定为 2；让学生知道了宫内的空格可以两个同时确定，感受到块状思维带来的优势。

六、迁移

学生自觉迁移，马上提出四宫内已有 4、2 两个数字，空格 C4 可以填 1 或 3，尽管此时不能确定是几，但可以推理出有两种可能，C4 空格不能填 3，只能填 1，因为 4 列已有 3 了。观察宫的同时兼顾到行列的数字特点。同时，C3 一并确定为 3，再次让学生感受到"宫"给解题带来的方便。

七、归纳

经过刚才的学习经历，学生发现，找"宫"内数字最多的部分，有 3 个数字确定了，就能推理出第 4 个数字。

八、积累经验

1. 找到"宫"内的数字。

2. 兼顾行与列的数字特点。

3. 利用排除法。

4. 确定"宫"内数字。

有了这样一番学习经历，学生的思维由"线性"拓展到"块状"，实现了思维的多维性。真正达到"越玩越聪明"之目的，并向"最强大脑"跨近一大步。通过我们的教育让学生越来越聪明，这必定是每位教师努力追求的梦想。

"数独" 不是孤独的数学
——以《3×3 数独》为例

柯桥区柯岩中心小学 高芳

二年级数学的内容为数学广角——数独，李老师今天的讲课内容就是以此为主要研究对象而研发的拓展课程《数独》之 3×3 数独。在这之前，已经上了《表格法推理》。今天这节课就是把表格演化形成数独的最简单格式——3×3 九宫格式数独，并进行推理。

课堂上，学生展示出对行和列的叙述的严谨度，这是上一节课打下的扎实基础的体现。但在进行九宫格的推理时，学生遇到了瓶颈，总觉得有不少学生不知从哪里说起，数独成了少数人思维火花的舞台，一半以上的人成了看客。

究其原因，最根本的当然是数独这种高思维含量游戏的第一次出现，学生对数独思考的方法还在探索中。李老师在课堂上启发、引导、帮扶，目的都是为了让学生能自己主动地学习探索数独的思维方式。因此，在学生对数独方法不了解的情况下，课堂的活跃度显得不够。但我们也应该思考，怎样能让更多的学生尽快参与到这个思维的体操中来？

我想有些方面我们可以做到。

一、扫清数独规则的理解障碍

对于绝大部分的二年级学生来说，"数独"是一个全新的游戏。数独规则中的"每行每列都有 1~3 这三个数，并且每个数在每行每列都只出现一次"对大部分学生来说显得很严谨，仅仅凭读一遍恐怕还不能理解。此时，如果老师能指着表格，举例说明"这一行一定有三个数字：1、2、3，不会出现两个1或者两个2或者两个3这种现象"，对行、列用上图或画线等方式或许能让学生更明白一些。规则的掌握是推理的依据，规则理解好了，才会有更多的学生根据规则推理出答案，从而让数独的思维方式更容易被熟悉、被掌握。

二、引导学生尽快学会数独思维

课堂中，李老师设置了一个很有意思的细节。在九宫格中，有不少学生能一眼判断出第一行已经有1、3，空格一定是2；第三列已经有3、2，空格一定是1。这是一维角度得出的结论。虽然不是很难，但对于刚碰到数独这种类型的学生来说也数难能可贵。但李老师就是没有把推理出来的答案写上去，她依然在问："哪个空格你也能第一眼判断出来？"她慢慢引导，耐心等待，终于有学生找到由第一列和第三行交叉的空格也能判断出来，因为第一列有1，第三行有2，所以交叉的地方一定是3。这是跨越性的思维认识，从原先的同一行或同一列的一维方式跨越到了行与列之间的二维思考！

为什么不把一开始的答案写上去？因为写上答案后，学生会很习惯于一维思考，二维思维方式会被认为是不得已而为之。但行与列之间的二维思考才是数独的最基本思考方式！为什么不把一开始的答案写上去，因为只有这样的"逼迫"，才能让"行与列相结合的思考方式"凸显出来，让学生努力发现数独的关键空格！

也许过程有点磨人，但只有这样的磨人才能让学生尽快熟悉数独思维！

三、课后的巩固必不可少

一堂课，课堂上注重的是思维方式的转变，课后必然需要一定的练习才能巩固。由于时间关系，课堂上的练习时间不够，那么在课后，练习需要及时跟上。当有了一定量的练习后，数独的思维方式才能被真正接受并应用起来。这也是下一节课要继续探究的 4×4 数独的基础。

数独在开始学习的时候，可能是少数人孤独的游戏，但只要我们老师精心设计，耐心等待，终有一天它会成为所有人的狂欢！

让课堂成为学生灵动的"舞台"
——以"趣味数独"拓展性课程为例
柯桥区柯岩中心小学 戴华芳

内容摘要："教师是课程的引导者，学生是主体"，在现在的教学中能否让学生真正成为学习的主体，教师在指导学生自主学习、自主发展的过程中起着重要作用。本文从目前的教育现状、学生主体地位的含义与意义、如何体现学生主体地位的课堂实践与应用三个方面阐述了学生主体地位的重要性与迫切性，提倡新课改下课堂应成为学生展现自我，秀出自我的灵动"舞台"。

关键词：学生主体、教学方法、课堂教学效果

小学数学新课程改革明确提出"学生是数学学习的主人，教师是数学学习的组织者、引导者与合作者"这就要求我们教师要改变教学观念，建立良好的师生关系，培养学生互助合作意识，从而发挥学生的主体地位。

一、教育现状与背景

新的教育背景下，素质教育给我们提出了更高的要求，教师在教学活动中要使学生在自主学习的同时，主动获得发展，形成良好的心理品质和行为习惯，从而达到良好的学习状态，提高学习效率。然而以往的教学模式总是压制着学生的主动性和积极性，一味地"填鸭式"灌输，导致了一些学生厌学、怕学或者辍学，因此改变这种局面已经迫在眉睫，确立学生主体地位，灵动我们的课堂，应当成为教学的首要任务。

二、学生主体地位的含义与作用

从教育意义上说，学生是学习的主体，而学生的主体性则是

学生在学习活动中不断塑造、建构培养的重要特征，也是学生主体是否得以体现的标志。在课堂上，学生应是教学活动的中心，教师、教材、一切教学手段都应为学生的"学"而服务；在课堂中学生应积极地参与到课堂活动中去，充当教学活动的主角。

1. 调动学生学习积极性，激发学生学习的兴趣

爱因斯坦说过："兴趣是最好的老师"我们要让孩子爱学习，爱我们的课程，就必须挖掘教材中的趣味元素，设计学生感兴趣的内容让学生在课堂观察、讨论、研究中逐渐培养对数学学习的兴趣。

2. 克服胆怯心理，树立学习的自信心

小学生活泼好动，但由于年龄的限制和家庭教育等众多因素，往往让我们发现课堂上举手发言的总是集中在几个同学之中，而那些文静、乖巧的孩子总是那样容易被老师忽视，一则是传统的"教师主导"课堂的弊病还在显现，二则是学生的个性或家庭教育所致。如若教师把课堂真正让给学生，让学生能在课堂上根据自己的观点"畅所欲言"那么孩子的胆怯心理则会消失殆尽，学习的自信心就能得到更好的发挥。

3. 有利于创设和谐的师生关系

教师在课堂上不断地鼓励孩子：说、想、体验，思考，对学生在课堂上的"错误"少指责多鼓励，"摸摸头""拍拍肩""悄悄用耳语告诉他：你的想法真好，"等等这些做法，能让学生感受到老师对他们的尊重与关心，让师生关系不再有"鸿沟"。这是学生主体课堂带给我们的硕果。

三、学生主体地位的课堂实施与研究

1. 改变教学方式，创设教学情境，营造学生主体地位的教学

环境。

现在研究表明要在学生积极、主动探求新知的基础上，给学生营造愉悦和谐的学习环境。通过良好的人际关系和学习氛围的营造，激励学生学习潜能的开发。

例如：在"趣味数独"第一课时上，老师针对孩子的错误回答是这样处理的：

片断一：

师：（读题）：有语文、数学两门学科，李老师不上语文课，那么方老师上什么课？

生1：李老师上数学课，方老师上数学课。

师：老师为你勇敢地上来回答点赞，你的想法真好，但是再去思考下或许答案会更加完美好吗？（老师用手掌轻轻地拍了拍孩子的肩膀，鼓励他再考虑考虑）

面对孩子出现的错误，老师没有声嘶力竭地呵斥，而是用委婉的语言建议孩子再去细细思考，并用手亲拍孩子的肩膀，让人感觉老师对孩子充满了满满的爱。我们教师在传授知识时不是自上而下的给予，而是俯下身来与学生一起去"探索""分享"他们尚未获得的知识与经验，因此，教师在课堂上的眼神、手势、姿态等非常的重要，教师的一个眼神、一个动作表达了对学生的尊重、爱护和关心。

2. 赋予学生各种权利调动学生参与课堂的意识。

片断二：

师：在下列数独题中，你会选择哪一格先作为解题的"突破口"？小组内说一说（请四人小组开始讨论前，组长分配好每个组员的任务）

1	√3	1
	2	
√2		3

生1：我认为我先会找到"√1"（A3），我认为行已有1，列已有3，那么推理空格肯定是2。

生2：我有补充，我想从"√2"（C1）入手，行已有3，列已有1，那么推理空格肯定是2。

生3：我对我们小组的想法还有补充。

师：嗯，你说吧。（微笑倾听）

生3：我会从"√3"（A2）入手，行列已有1、2，那么"√3"（A2）就应该填3。

师：第三小组的孩子汇报得真好，不仅说出了推理理由还找出了两个"突破口"，大家跟随他们的思路一起来说说我们的推理理由好吗？

生4：老师你说我们小组的同学回答得好吗？

师：当然，老师觉得你们是一组爱动脑筋的孩子，要表扬。

生4：因为我们在开始解题的时候各有各的任务：有的需要记录、有的需要分析讲理由……

在课堂上老师设计了小组讨论题，每个学生都有讨论的参与权，并在讨论之前让组长进行了分工，让组内成员每人都有事可做，有责任在身，共同参与讨论，使得枯燥的数独推理课显得热闹纷呈。对于课堂上精彩的表现，老师也及时地给予评价与反馈，让学生作为"主人翁"的喜悦之情更加显现出来。

3. 设计多样的数学活动，提高学生的课堂参与率

多观察、多比较、多分析：数学是一门逻辑性很强的学科，概念、公式往往比较抽象，数学推理思维要得到最大限度的发展必须鼓励学生细心观察，耐心研究。

片段三：

师：这里有几格呢？

生：有 16 格，因为 4 * 4 = 16。

师：嗯，小朋友的反应真快，来
老师要在这些格子中填上一些神奇的
数，这些神奇的数呢？每行、每列、
每宫只能出先一次，那么请小朋友思
考你从哪一格先入手？

3	2	√1	
√2		B	2
			3
1			

（小老师）生 1：我从"√1"（A3）先入手。

师：你能说说你的理由吗？

生 1：A 行已有 3、2，三列已有 3，所以……

师：对于四宫数独，我们应该知道行和列至少几个数才
行呢？

生（齐声）：3 个。

师：那么 3、2、3，其实只有几个数？

生 2：只有两个已知数，其中 3 重复了，只能算一次。

师：是呀，小朋友，这一格老师把它轻轻地擦去，说明还不
能确定啊，但这个同学的思路还是有的，他找到了行列最多的那
一个，可以给我们等会再次思考提供一些经验，大家再思考
一下？

（小老师）生 3：老师我觉得我先解决"√2"（B1），因为列
已有 3、1，行已有 2，那么我确定"√2"（B1）就是 4。

生 4：老师，我听得不是很明白，能让他再帮我说一次吗？

生 3（用手势）：行已经有 2，列已有……

师：哇！小朋友的潜力真的是无限的，半分钟的思考不仅顺
利地找到了"突破口"而且还完整地说出了理由，为自己喝彩

176

吧！表扬！（集体拍手表扬）

在课堂上教师采用"小老师"的形式，让学生走上"舞台"畅所欲言，适时地给予引导与点拨，让学生在不断地思考、质疑、讨论中碰撞出思维的火花，让抽象的逻辑推理能力变得简单而易学。

4. 授之以"渔"，注重方法经验的传授与积累：

片段四：

师：在下列空格中填上 1~4 这些数字，做到每行、每列、每宫都不能有重复，再思考你会先考虑哪一格？

生 1：我先考虑"√1"（B1），因为行已有 3、1、列已有 2，那么我推理这个空格就是 4。

2	√3	2	
√1	3	1	
		4	
			1

生 2：我先考虑"√2"（A3），因为行已有 2，列已有 1、4 那么我推理出这个空格就是 3。

师：小朋友说得都很好，那么我能从"√3"（A2）开始吗？

生 3：应该可以，因为一宫已有 2、3，那么"√1"（B1）只能填 1、4，但是从 B 行可以看出"√1"（B1）只能填 4，因为 B 行已经有 1 了，再推理出"√3"（A2）肯定是 4。

师：是呀，我们在填数独题的时候，不仅要考虑行、列，也要考虑行列交叉，还要在宫内填数时兼顾宫内数字的情况。方法的多样化才能让我们快速地接出题目，大家说对吗？

"授人以鱼，仅供一餐之用；授人以渔则享之不尽"充分说明了数学方法与经验的传授对学生习得数学知识是何等的重要，此教学片段中，教师把行、列、行列交叉考虑；行、列、宫同时考虑这些方法——教授给了学生，让学生在解题中，从多方位去考虑问题，做到解题的缜密性与正确性。我想在课堂上，教师不仅要让学生掌握知识，更重要的是让他们在获得新知的过程中掌握方法、规律、和行之有效的学习策略，这样才能更有效地体现学生的主体地位，从而促使自觉主动地学习。

总之，课堂是学生灵动的"舞台"，如何彰显学生的主体地位，打造高效课堂，需要新时代的教师运用智慧与才干去感染学生，运用多种教学方式去吸引学生，让学生在这"舞台"上尽情地展现自我，真正成为课堂的主人。

谈肢体语言在数学课堂的应用
——以《列表法推理》为例
柯桥区柯岩中心小学　陈银红

这一周，李国娟特级教师走进了我们二年级的课堂，在二年级中执教了四节课——《推理》。我听了李特的其中两节课，这两节课使我感促颇多，受益匪浅。

拓展性课程都在若火如荼地开展，数学知识类的拓展性课程定位在哪里？作为数学老师，拓展性课程肯定不能按常规课那样简单地给学生讲解知识，做做题目，那到底该怎么来展示课堂呢？在李特的课上，我看到了一种新的上课形式。

李特以数学课本上的内容当切入口，符合学生的年龄特征，不会一开始就让孩子觉得难以接受，减弱孩子们学习数学的兴趣。在课堂上，我也感受到李特给孩子们营造的一个轻松、愉快的学习课堂，没有给孩子一点学习压力，这跟李特和蔼的笑容，亲切的语言是分不开的。同时利用新型的微课技术来介绍新知，培养孩子们主动学习的能力，提升孩子们的思考能力。在这节课中，给我印象最深的一个环节是李特用手势比划行、列，让孩子们清楚地理解表格中的行列，突破了这节课的重点。课前我们一直担心孩子们不能理解表格中的行列，甚至提出行列这个知识点要上一节课，但李特用简单的手势轻易地化解了这个难题，是我们意料之外的。这不禁让我感慨道：原来我们的肢体语言在数学课堂中可以起到这么大的作用。

什么是肢体语言呢？它就是我们日常生活中所说的，不用言语，借助于表情、手势之类的动作达到交流思想的目的，是人类的无声语言。可不要小看这些肢体语言，有时甚至会达到"此时无声胜有声"的效果，而在这节《推理》课上我就深切地感受到了肢体语言的妙用。

在数学课上，对于概念的教学有时会显得比较枯燥，如果让学生一味地用记忆的方法，孩子的思维就无法得到发展。这时候我们就要借助我们的肢体语，让它成为一种辅助教学手段，帮助学生理解，并且活跃课堂气氛，提高学生对数学的学习兴趣和课堂教学质量。

【片段】：学生观看微课内容

师：小朋友们，这样子横的我们叫作行，第一行表示李老师上课的情况，第二行表示方老师上课的情况；竖的我们叫作列，第一列表示上语文课老师的情况，第二列表示上数学课老师的情况。

师：小朋友们，现在以四人为一组，分享一下你所听到、看到的内容。（学生自由讨论，接在进行全班交流。）

在这个环节中，先让学生通过观看微课内容，自己了解行、列的知识，接着是全班交流后，教师再一次用手势比划行、列。在二（4）班的这节课中，这个环节学生只是看了微课视频，所以让学生进行交流时，学生对行、列的知识还不是说得很清楚；但是在二（1）班中教师在黑板上再一次用手势进行了讲解，学生看到老师亲自比划，不自觉地跟着老师边比划边说，基本上都能掌握行、列，水到渠成地突破了这节课的重点。通过观看微课，学生对行、列的知识还是有些距离，但亲自看到老师的肢体展示，学生就比较容易接受，可见肢体语言在数学课堂的重要性。

李老师的课给了我们新的启示，在今后的数学教学中，我们也可以多运用肢体语言进行教学，这样我们的课堂会变得更加精彩。

生本课堂下的数独概念课
——《四宫数独》听课所感
柯桥区柯岩中心小学 李迪雷

自开设《趣味数独》以来，今天是第一次真正地让学生认识数独，了解数独的各部分名称，师父以生为本的数学体验课堂让我感触颇多。

众所周知，概念既是掌握数学基本知识和基本技能的基石，又是发展数学思维的必要前提条件，今天的《四宫数独》很好地诠释了该如何开展"概念课"的教学。

一、观察体验比说教使学生对概念的认识更清晰

片段一：

教师在黑板上出示4×4的空格：

师：仔细观察，有多少格？同桌互相说一说。（板书格）

师：谁能响亮地告诉大家？

生：四行四列，16格。（师板书4×4）

师：在数独中，这个格是这样来说的。

生（第一大组齐）：格：数独中最小的方格，里面可以填入一个确定的数字。（课件出示）

师：为了研究方便，我们还把这里的每一行位置名称标下来。如果我们把这一行标为A行，那么这一行是（ ）。

生：B行、C行、D行。（教师做手势，学生说）

师：这里的行可以这样来说，第二组孩子一起读一读。

生：（第二大组齐）行：由一组横向格子组成的区域，用字母区分它们的位置，如A行。（课件出示）

师：同样的我们把列也标上标记。如果这里是 1 列的话，那么这里就是（　　　）。

生：2 列、3 列、4 列。（学生说，教师写）

教师在教学中让学生通过观察 4＊4 的表格，再加以老师的手势，不仅加深了对行、列的认识，还清晰地让学生明白行、列的名称，再观察，行和列有许多相交叉的格，让学生创造名称，以这样的教学方式，让学生在轻松的学习氛围中体验不轻松的学习任务显得是那样的和谐、自然，又那么的简单。

二、多些耐心，静待花开

每一朵花都有它自己的花期，每个孩子也是一样，师父常常告诫我们：一节课的重点不在于是不是你把所有的知识点都讲得面面俱到，而是对于一个学生来说，他在你的课堂中收获了多少。

片段二：

师：谁愿意跑上来和大家分享？

生 1：第一宫已经有 2 和 3 了，所以这一格可以填 1 或者 4。

师：孩子们，他们四位小老师上来都找到了第一宫，为什么找这一宫？

2			
	3	1	
		4	B
			1

刚才我们每行每列都是找数字最多的，那么这一宫也是数字最多的。

师：既然四位小老师都找到了第一宫，仔细观察第一宫，数字有几个？

生：2 个。

师：当然有 3 个数字你会更开心，给你 3 个数字，第 4 个马上就可以找出来了。那现在只有 2 个，该怎么找呢？刚才已经有孩子说了，这一格 A2 有两种可能，1 和 4。B1 这里填几？

生：4。

师：这一个不能填 1，理由在哪里？

生：因为 B 行已经有 1 了，所以不能再填 1 了。

师：太棒了，我很喜欢你。二（4）班的孩子由宫想到行，再想到列，我们的思维就这样慢慢地打开了。B1 不能填 1，所以只能 A2 填 1。

师：在四位小老师的共同努力下，作为突破口找准的这个空格，我给它一个小小的标记。所以这里也可以作为第一次找的突破口。

数学教学离不开解题，在理清了数独的所有概念，每一位学生的情绪是那么的高涨，师父及时地给出练习，这样不但没使学生失去兴趣，而正好给学生的跃跃欲试提供了一个机会，有了兴趣，就有了动力，师父给予大家足够的思考时间，自我思考、同桌交流、小老师汇报，独学、补学、导学相结合，使得学生的体验更深刻，自身获得的经验也更多，不再是加深对概念的认识，而是对概念进行升华。

这样的生本课堂，这样的概念课堂，让学生们静静地沉浸在数独的海洋中，学生的思维在悄无声息中发展提升，这都是"体验"教学带来的优势，这都是以生为本带来的益处。这样的课堂，学生能不喜欢吗？这样的教学，学生会不发展吗？

（2）《趣味数独》课程开发与实施大事记

课程开发与实施大事记

第一次

时间：2017 年 2 月 14 日下午　　地点：三楼大会议室

主题：2016 学年第二学期拓展性课程实践专题

参加人员：李国娟名师工作室成员、朱铁琴青年成长工作室成员

活动过程：

1. 每一个工作室的成员一起交流自己收集的有关拓展性课程资料，并且谈谈自己对拓展性课程的理解。

2. 李国娟特级教师谈在二年级将进行数学拓展性课程——《趣味数独》，并且简要地介绍了开展这个课程的意义、内容及过程等。

3. 每一个成员谈谈自己看了这本教材后的想法及修改意见。

第二次

时间：2017 年 2 月 20 日上午　　地点：二（1）班、二（2）班

主题：李国娟特级教师执教《列表法推理》

参加人员：胡萍、娄金晶、赵艳放、孙燕华、陈银红、戴华芳、张竞

活动过程：

上午第 1 节、第 2 节课李国娟特级教师分别在二（1）班、二（2）班执教《列表法推理》，二年级所有数学教师随堂听课，张竞老师进行课堂拍摄。

第三次

时间：2017 年 2 月 21 日下午　　地点：三楼大会议室

主题：《趣味数独》问题模式研讨

参加人员：李国娟名师工作室成员、朱铁琴青年成长工作室成员、二年级数学教师

活动过程：

1. 二年级数学教师谈谈自己听了《列表法推理》这节课的感想。

（1）课堂结构很好，学生学习的积极性很高。

（2）二年级小朋友语言组织能力还是欠缺，平时在课堂中要多培养。

（3）课堂思维含金量比较高。

（4）微课形式很新颖，加强了学生的学习主动性。

2. 李国娟特级教师谈了谈在这节课中为什么选用列表法：描述法和连线法虽然简单，但学生的思维停在了一维，利用列表法进行推理，学生的思维可以从一维上升到多维，同时可以和数独法进行打通。

3. 教师对这节课的课堂环节进行了研讨，朱老师提出第一个环节听力游戏缺乏趣味性，而且对二年级的学生而言存在难度。讨论之后，把第一个环节改成了猜一猜。

4. 每位老师发放一本教材，自己的想法可以记录在这本教材的旁边。

第四次

时间：2017 年 2 月 22 日上午　地点：二（3）班、录播教室

主题：**李国娟特级教师执教《列表法推理》**

参加人员：**赵艳放、孙燕华、陈银红、戴华芳、张竞、方芳、薛剑秀、徐国海**

活动过程：

上午第 1 节、第 2 节课李国娟特级教师分别在二（3）班、录播教室执教《列表法推理》，工作室成员随堂听课，张竞老师进行课堂拍摄。课后，执教老师与几位学员交流了这两节课的感想，并要求每一位学员写一篇评课稿。

第五次

时间：2017 年 3 月 3 日　地点：二（1）班——二（4）班

主题：**执教《趣味数独》第二课时练习课**

参加人员：**胡萍、娄金晶、赵艳放、孙燕华**

活动过程：

胡萍、娄金晶、赵艳放、孙燕华四位数学教师分别在自己班中执教《趣味数独》第二课时，课后 6 位数学教师在办公室进行探讨，提出练习课中的题目可以增加点趣味性，这样更能激发学生的学习兴趣。

第六次

时间：2017 年 3 月 7 日　地点：二（1）班、二（2）班

主题：**执教《数独法推理》**

参加人员：**李国娟、李迪雷、胡萍、娄金晶、陈银红、戴**

华芳

活动过程：

1. 上午第一节课李迪雷老师在二（1）班执教《数独法推理》。

2. 上午第二节课李国娟特级教师在二（2）班执教《数独法推理》。

3. 二（1）班——二（4）班数学教师上交《趣味数独》教材，在教材上写上自己的建议、想法和修改意见。

第七次

时间：2017 年 3 月 8 日　地点：二（3）班、二（4）班

主题：执教《数独法推理》

参加人员：李国娟、李迪雷、方芳、陈银红、戴华芳、孙燕华、赵艳放、张竞

活动过程：

1. 上午第一节课李国娟特级教师在二（3）班执教《数独法推理》，张竞老师负责课堂录像。

2. 中午，听课老师一起聚集在办公室，对上午的课进行点评。

3. 下午第二节课李迪雷老师在二（4）班执教《数独法推理》。

4. 戴华芳老师赴澄海小学送教《列表法推理》。

第八次

时间：2017 年 3 月 9 日　地点：柯桥区稽东镇中心小学

主题：《推理》同课异构教学课堂研讨活动

参加人员：李国娟特级教师名师工作室成员，朱铁琴青年成长工作室成员、稽东镇中心小学全体数学教师

活动过程：

1. 上午第二节戴华芳老师在二（1）班执教《列表法推理》。

2. 上午第三节李迪雷老师在二（1）班执教《数独法推理》。

3. 下午第一节董水琴老师在二（2）班执教《数学广角推理》。

4. 下午所有听课老师一起聚集在录播教室，对三节课进行了点评。听课老师对我们柯岩上课的两位老师评价很高，两节课改变了教师的教学方式，课堂中做到了以学生为主。学生学习兴趣非常浓厚，学习数独的积极性也很高。

5. 朱铁琴老师讲座：《基于教材的数学拓展课程开发与实施——以"图形的认识"为例》。

6. 李国娟特级教师讲座：《趣味数独》开发的经历。

李国娟特级教师点评两堂课并做讲座

第九次

时间：2017 年 3 月 14 日　地点：二（4）班、二（3）班

主题：李国娟特级教师执教《数独》。

参加人员：李国娟、方芳、陈银红、戴华芳、赵艳放、孙燕华

活动过程：

上午第 1 节、第 2 节课李国娟特级教师分别在二（4）班、二（3）班执教《数独》，二年级数学教师及工作室成员随堂听课。

第十次

时间：2017 年 3 月 15 日　地点：二（2）班、二（1）班

主题：李国娟特级教师执教《数独》。

参加人员：李国娟、方芳、陈银红、戴华芳、赵艳放、孙燕华、张竞

活动过程：

上午第 1 节、第 2 节课特级教师李国娟分别在二（2）班、二（1）班执教《数独》，二年级数学教师及工作室成员随堂听课，张竞老师进行课堂录像。课后，听课老师聚集在一起进行评课，并把自己对这节课的感想写成评课稿。

第十一次

时间：2017 年 3 月 21 日中午　地点：李国娟特级教师办公室

主题：研讨《趣味数独》第 5 课时

参加人员：李国娟、李迪雷、方芳、陈银红、戴华芳

活动过程：

1. 每位老师谈谈自己听了前面几节课，最大的感想是什么？收获是什么？

2. 研讨《趣味数独》第5课时的内容，李国娟特教教师对课堂教学内容及方式进行了指导，使成员们豁然开朗。

3. 确定3月22日下午陈银红和戴华芳两位老师分别在二（1）班、二（2）班执教第5课时。

第十二次

时间：2017你3月22日下午　　地点：二（1）班、二（2）班

主题：执教《趣味数独》第5课时《认识数独》

参加人员：李国娟、李迪雷、方芳、陈银红、戴华芳

活动过程：

1. 下午第二节陈银红老师在二（1）班执教《认识数独》。

2. 下午第三节戴华芳老师在二（2）班执教《认识数独》。

3. 傍晚，几位听课教师聚集在办公室进行评课。首先由两位上课老师谈谈自己的教学设计及教学困惑，对于学员的困惑，李国娟特级教师一一进行了指导，使学员们眼前一亮。然后结合两位教师的优点，确定了一份新的教学设计，题目由"认识数独"改为"四宫数独"。

第十三次

时间：2017年3月23日上午　　地点：二（3）班、二

（4）班

主题：李国娟特级教师执教《四宫数独》。

参加人员：李国娟、方芳、陈银红、戴华芳、赵艳放、孙燕华、张竞

活动过程：

上午第 1 节、第 2 节课特级教师李国娟分别在二（3）班、二（4）班执教《四宫数独》，二年级数学教师及工作室成员随堂听课，张竞老师进行课堂录像。

第十四次

时间：2017 你 3 月 24 日中午　　地点：李国娟特级教师办公室

主题：《四宫数独》评课

参加人员：李国娟、陈银红、戴华芳

活动过程：

1. 李国娟特级教师先让陈银红和戴华芳两位老师谈谈自己听了这节课后印象最深的是哪个环节。

陈银红：对"宫"这个知识点的突破印象最深，所有信息的来源都来自学生自我发现，真正发挥了学生的主体性。

戴华芳老师：借助老师，归纳出四宫中突破口的找法，这种方法的归纳恰到好处。

2. 李国娟特级教师谈谈自己对这节课的想法。

3. 两位教师对这节课的想法写成评课稿。

第十五次

时间：2017 年 3 月 28 日　地点：李国娟特级教师办公室

主题：研讨《趣味数独》

参加人员：李国娟、李迪雷、金晓燕、李甜、方芳、戴华芳、陈银红、胡萍、娄金晶、赵艳放、孙燕华

活动过程：

1. 交流听了《趣味数独》前几节课的感受与想法。

2. 对《趣味数独》教材的目录和内容进行研讨，导师提出目录需要微调，内容需要配上插图，使趣味性强一些。

数独组成员与二年级教师研讨《趣味数独》教材如何修改

第十六次

时间：2017 年 4 月 7 日　地点：李国娟特级教师办公室

主题：《趣味数独》拓展性课程申请表内容研讨

参加人员：李国娟、李迪雷、金晓燕、李甜、方芳、陈银红、胡萍、娄金晶、赵艳放、孙燕华

活动过程：

1. 交流听了《趣味数独》前几节课的感受与想法。

（1）举例阐述课堂中印象最深的一方面。

（2）学生喜不喜欢这门课程，为什么，从哪里表现出来？可以用问卷调查、采访、观察等几种方式来阐述学生的专注度、参与度、主体性、创新性、自信度的改变。

2. 比较三位教师写的《趣味数独》课程的申请表，对其中的内容进行整理概括。

3. 确定四节课的执教老师，分别是戴华芳、李迪雷、陈银红和方芳。以李迪雷老师为组长，在下周一下午赴杨汛桥紫薇小学磨课两节，星期二下午赴杨汛桥紫薇小学磨课四节。

第十七次

时间：2017 年 4 月 10 日　　地点：杨汛桥紫薇小学

主题：磨课《列表法推理》《数独法推理》

参加人员：李迪雷、陈银红、戴华芳、方芳

活动过程：

1. 下午第二节戴华芳老师在二（2）班执教《列表法推理》。

2. 下午第三节李迪雷老师在二（2）班执教《数独法推理》。

第十八次

时间：2017 年 4 月 11 日　　地点：杨汛桥紫薇小学

主题：磨课《列表法推理》《数独法推理》《数独》《四宫数独》

参加人员：李国娟、李迪雷、陈银红、戴华芳、方芳、洪浩

芳、田云庆、紫薇小学的部分数学教师

活动过程：

1. 下午第一节戴华芳老师在二（6）班执教《列表法推理》。

2. 下午第二节李迪雷老师在二（6）班执教《数独法推理》。

3. 下午第三节陈银红老师在二（2）班执教《数独》。

4. 下午第四节方芳老师在二（2）班执教《四宫数独》。

5. 课后，李国娟工作室和洪浩芳工作室的成员坐在一起，对四节课进行了点评。首先是导师李国娟向他们简单地介绍了我们开发这门拓展性课程的意图及我们现在所做的一些事，请听课老师对四节课提出自己宝贵的意见。

洪浩芳老师：

1. 第四节课概念太多，格、行、列的介绍可以前置。

2. 第一节课微课后可以设计一个任务单，激发学生主动学习的能力。

3. 第三节课中突破口可以用红色标示出来，以利引起足够的重视。

田云庆老师：跟着课程一起成长。

李国娟特级教师、洪浩芳老师、田云庆老师点评四节课

第十九次

时间：2017 年 4 月 12 日傍晚　　地点：李国娟特级教师办公室

主题：反思、研讨《趣味数独》四节课

参加人员：李国娟、李迪雷、方芳、陈银红、戴华芳

活动过程：

1. 导师李国娟对昨天磨课的四节课提出一些修改的意见：

第一节：微课需要重新录制；学生看完微课，设计任务单；突出自己的想法，教师需要放手。

第二节：运用微课介绍数独的格、行、列及数独的起源；思维含量要加深；学会归纳。

第三节：介绍数独的位置；把"寻找数字最多的行和列"这个知识点作为突破口。

第四节：宫的介绍可以使用微课；设计一道有关宫突破的题目；宫、行、列一起考虑，找到突破口。

2. 每个学员谈谈自己对这节课困惑的地方，并且进行重新修改、备课。

3. 每位成员去认真修改《趣味数独》的申报表。

第二十次

时间：2017 年 4 月 18 日下午　　地点：李国娟特级教师办公室

主题：拓展课程《趣味数独》研讨活动

参加人员：李国娟、李迪雷、方芳、陈银红、戴华芳、金晓燕、李甜

196

活动过程：

1. 确定戴华芳、李迪雷、陈银红、方芳四位老师下周二在柯岩中心小学执教《趣味数独》四节课，并把第二节课课题改为"3×3数独"，第三节课课题改为"4×4数独"。

2. 每位成员谈谈自己对数独的理解。

3. 金晓艳老师协助李迪雷老师进行教材修改，其他老师修改拓展性课程的申报材料。

第二十一次

时间：2017年4月25日　地点：柯岩中心小学三楼大会议室

主题：聚焦核心素养，提升课程执行力

参加人员：区数学骨干教师，丽水莲都区骨干教师，李国娟数学特级教师工作室成员，云骨青年教师成长工作室成员，湖塘、柯岩街道各校数学骨干教师等，兰亭中心小学教师等。

活动过程：

1. 上午第一节戴华芳老师在二（6）班执教《列表法推理》。

2. 上午第二节李迪雷老师在二（6）班执教《3×3数独》。

3. 上午第三节陈银红老师在二（5）班执教《4×4数独》。

4. 下午第一节方芳老师在二（5）班执教《四宫数独》。

5. 李国娟特级教师讲座：《小学数学拓展课程的思考与实践》。

6. 数学教研员洪钰铨总结。

7. 傍晚4点10分，李迪雷、方芳、戴华芳、陈银红四位老师聚集在导师李特办公室，一起对四节课进行反思改进。导师对每节课进行了一一的点评：

第一节：微课的作用是什么？怎么设计才能让学生先学后教？教师语言过多，课堂中要以学生为主。

第二节：课堂中表格的出现太突兀，需要好好设计。

第三节：4×4数独出现也突兀，需要改进。课堂中缺乏认知冲突，当学生出现课堂冷场时，要让学生进行讨论，不断尝试，不断调整，引导学生找到突破口。

第四节：课堂结构不错，课堂中让学生不断地去猜测、去想象，突破这节课的难点。

8. 四位老师对自己的教学设计进行修改。

李国娟特级教师讲座

柯桥区数学教研员洪钰铨老师点评四堂课并总结

第二十二次

时间：2017 年 4 月 28 日　　地点：李国娟特级教师办公室

主题：《趣味数独》拓展性课程资料的研讨

参加人员：李国娟、李迪雷、方芳、戴华芳、陈银红

活动过程：

1. 每位成员认真阅读《趣味数独》拓展性课程的申请表一、申请表二。

2. 整理申报《趣味数独》拓展性课程的相关资料，确定好目录。

3. 李国娟要求大家分工合作。李迪雷老师负责教科书、教学用书等工作；方芳老师、陈银红老师负责申请表的修改；戴华芳老师负责海报、意向书、通知书的设计。

第二十三次

时间：2017 年 5 月 10 日　　地点：李国娟特级教师办公室

主题：《趣味数独》申报精品课程有关注意事宜

参加人员：李国娟、李迪雷、方芳、陈银红、戴华芳

活动过程：

1. 李国娟老师将写好的课程纲要等一一向大家介绍，并请各位提出修改意见。

2. 每位成员试写课程纲要，通过深度思考，促发对课程开发的进一步认识。

第二十四次

时间：2017 年 5 月 23 日　　地点：李国娟特级教师办公室

主题：指导学生走班选课

参加人员：李国娟、李迪雷、方芳、陈银红、戴华芳

活动过程：

1. 第一单元学习结束了，第二单元开始走班选课，提出要注意的问题等。

2. 为学生做好走班选课的一切准备工作，包括录用通知书等。

第二十五次

时间：2017 年 6 月 13 日　　地点：夏履中心小学

为提升课程执行力，激发学生的兴趣爱好，促进学生的个性发展，6 月 13 日，柯岩中心小学、夏履镇中心小学拓展性课程研讨活动在夏履镇中心小学顺利举行。

活动分两个板块。第一板块是课堂展示，来自柯岩中心小学的吴玛红、李甜两位老师分别执教拓展性课程，来自夏履镇中心小学的钱炳亮老师执教《抢数游戏》，三位老师精彩演绎拓展性课程的开发与实践。

第二版块是全体教师聆听李国娟校长作课程建设指导讲座，李校长特别提到了拓展性课程建设与教师的成长，讲到课程建设首先要定内容，也就是要清楚教什么，其次还要在实践的过程中思考用怎样的教法和怎样的学法。李校长以钱炳亮老师的课为例，从课题、教学内容、教学目标、过程预设等方面深入剖析，向在座的老师探讨拓展性课程建设的最终目的，即让孩子的核心素养得到提升。

拓展性课程研讨活动现场

（3）课题实施方案

第一学段数学"推理思想"在教学中渗透的实践与研究

柯桥区柯岩中心小学　李迪雷

一、课题的现实背景及意义

数学思想是数学文化的核心，是数学文化的本质。可以归纳为三种基本思想：抽象、推理和模型，即将现实生活中的实物抽象成数学命题，命题通过推理变成可应用的结果（模型），最终，用模型解决同系列的生活实际问题。在当今核心素养大背景下，数学教学以培养"全面发展的人"为核心，而关键在于如何培养学生的推理能力，提升学生的思维能力，满足学生的个性化学习需求，促进学生健康成长，从而实现《数学课程标准》提出的"以学生的发展为本""人人学有价值的数学""人人都能获得必需的数学""不同的人在数学上得到不同的发展"等基本理念。

反观当前低段的数学教学，我们不难发现：1. 低段数学教师多是语数包班，他们本身存在思维的单一以及在教学中多维思维的缺失问题。例如：在教学二下数学广角——推理，教材把"选言推理例1：有语文、数学和品德与生活三本书，下面三人各拿一本。小刚拿的是什么书？小丽呢？"和"数独例2"放在一起，而90％的低段教师没有将例1和例2两个例题联系在一起教学，他们认为是孤立分开的，没有将两者打通，就题依题进行教学，使得学生的思维是支离破碎的，无法举一反三。2. 学生在学习例1时，选择用语言描述，也有选择用连线展示的，可见，学生喜欢一维思维的居多；而在教学中如果能引导学生用列表法解题，既能体现推理过程，又能呈现推理结果，还能培养学生纵横推理的思考方式，提升学生思维的维度。更值得提醒的是每个学生在生理发展和心理特征上的差异是客观存在的；对数学的兴趣和爱好，对数学知识的接受能力的差异也是客观存在的。

鉴于此，我们提出了"第一学段数学'推理思想'在教学中渗透"的研究，我们通过数学游戏——数独在教学中的实践，来改变师生的思维现状，使学生的思维从一维上升到多维。在教学过程中，引入"微课"实现课堂翻转，先学后教，培养学生的自主学习能力；采用独学、补学、合学、导学等学习方式，让学生在交流学习中取长补短，拓宽自己的认知视野，培养人际交流能力；同时，对课堂进行即时评价，采用同桌互评、小组内互评、教师评价等方式，用"星级"来评定，激发并保持学生的学习兴趣，最终达到让师生共同成长、发展的目的。

二、国内外相关课题研究综述

关于数学"推理思想"，从古至今，纵观东西方，阐述众多。

1. 数理逻辑

美国数学家皮尔斯认为：数理逻辑是数学基础的一个不可缺少的组成部分也是现代计算机技术的基础，在程序验证、程序变换、程序综合、软件形式说明、程序设计语言的形式语义学、人工智能等方面都应用了数理逻辑的概念、方法和理论。

2. 推理概念

我国的史宁中教授认为：推理是从一个或几个已有的判断得出另一个新判断的思维形式。推理所根据的判断叫前提，根据前提所得到的判断叫结论。推理分为两种形式，演绎推理和合情推理。

（1）演绎推理

演绎推理的常用形式有：三段论、选言推理、假言推理、关系推理等。

三段论，是演绎推理的一般模式，包括：大前提——已知的一般原理，小前提——所研究的特殊情况，结论——根据一般原理，对特殊情况作出判断。

选言推理，是根据选言命题的逻辑性质而进行的推理，分为相容选言推理和不相容选言推理。

假言推理，是根据假言命题的逻辑性质进行的推理。分为充分条件假言推理、必要条件假言推理和充分必要条件假言推理三种。

关系推理，是前提中至少有一个是关系命题的推理。

（2）合情推理

合情推理的常用形式有：归纳推理和类比推理。

归纳推理，是从特殊到一般的推理方法，即依据一类事物中部分对象的相同性质推出该类事物都具有这种性质的一般性结论的推理方法。

类比推理，是从特殊到特殊的推理方法，即依据两类事物的相似性，用一类事物的性质去推测另一事物也具有该性质的推理方法。

3. 关于"评价"的理论

美国的教育学家布鲁姆就指出评价的目的在于全面的、最大限度地开拓和促进每个学生的发展潜力，使所有学生竭尽全力的进行学习，最终达到目的地。而本课题的实施我们采用多种评价方式相结合，通过对课堂即时评价、成果评价、对比评价三种方式，评定学生的学习能力。

三、课题研究的目标

（一）总目标

通过实践，探索第一学段数学教学中不同年级学生的年龄特点安排合适的数学游戏，从而使数学游戏能真正有效地促进学生的思维发展；通过研究，转变师生的思维现状，正确认识趣味数独对学生产生的积极作用，在不增加学生学习负担的基础上提高学生的思维水平，促进学生数学素养的全面提高。

（二）具体目标

一年级组目标：通过本方案的实施，创编一年级以卡通动物为元素的卡通数独教材，让学生通过在数独图中对动物的按要求摆放，关注过程性评价和形成性评价，让家长一同参与数独游戏，充分调动一年级小朋友学习数学的兴趣与积极性，学会合作学习，树立自信心。

二年级组目标：通过本方案的实施，创编二年级以图形、颜色、实物为元素的《趣味数独》教材，关注游戏的科学性、多样性、发展性、层次性及适度性，通过数独游戏的层次性的安排，分析出每个孩子的不同层次的思维发展，使数学教师在平时的课堂中切实有效地调整教学的方向，使得数学课堂的教学更高效。

三年级组目标：通过本方案的实施，创编三年级以纯数字的九宫数独教材，同时关注教材的梯度性，让教师一同参与教材的设计、编排、修改，改变数学教师对作业设计的现状，帮助学生提升思维水平、提高解题能力、掌握数学学习规律，促进学生的继续学习。

我们一直在追求：让全员一同参与我们的教学，树立学生的自信心，提高学生的观察能力、逻辑推理能力，使学生在数学游戏中学会自悟，在思维上得到"质"的飞跃。

四、课题研究的基本原则

1. 主体性原则。

学生是数学游戏的主体，教师是设计、实施和评价游戏的主要责任人。教师要研究游戏设计和布置的科学性，提高运用数学游戏改进教学、促进学生思维的发展。

2. 科学性原则。

数学游戏的设计与评价要基于课程标准、关注核心素养、体现拓展性课程性质。要建立尊重学生认知规律、循序渐进、能力立意的评价体系。

3. 多样性原则。

克服单一纸笔的局限性，关注多维学习目标，研究游戏形式的多样化，推广适合学生年龄特点的实践性作业和过程性作业。

4. 发展性原则。

评价不仅要关注横向比较，而且也要注重纵向比较，充分发挥数独带来的多方面教育效益。

5. 针对性原则。

课堂作业的设计要充分暴露学生的思维过程。通过多方面的呈现，来促发学生的思维。

6. 层次性原则。

从学生各种学习活动出发，引领学生整体考虑，系统的、科学的、合理的设计出不同层次的数独游戏。

五、课题研究的内容

1. 一年级以卡通动物为元素的《卡通数独》游戏的实践与研

究——建立亲子数学课堂游戏的研究。

2. 二年级以图形、颜色、实物为元素的《趣味数独》游戏的实践与研究——与教材为摹本的数独游戏的研究；

如：根据二下数学广角《推理》改编的《四宫数独》，课堂中采用小老师的形式：

师：谁愿意跑上来和大家分享？

生1：第一宫已经有2和3了，所以这一格可以填1或者4。

师：孩子们，他们四位小老师上来都找到了第一宫，为什么找这一宫？刚才我们每行每列都是找数字最多的，那么这一宫也是数字最多的。

师：既然四位小老师都找到了第一宫，仔细观察第一宫，数字有几个？

生：2个。

师：当然有3个数字你会更开心，给你三个数字，第4个马上就可以找出来了。那现在只有两个，该怎么找呢？刚才已经有孩子说了，这一格 A2 有两种可能，1和4。B1 这里填几？

生：4。

师：这一个不能填1，理由在哪里？

生：因为 B 行已经有1了，所以不能再填1了。

师：太棒了，我很喜欢你。二（4）班的孩子由宫想到行，再想到列，我们的思维就这样慢慢地打开了。B1 不能填1，所以只能 A2 填1。

师：在四位小老师的共同努力下，作为突破口找准的这个空格，我给它一个小小的标记。所以这里也可以作为第一次找的突破口。

数学教学离不开解题，在理清了数独的所有概念，每一位学生的情绪是那么的高涨，教师及时地给出练习，这样不但没让学生失去兴趣，而正好给学生的跃跃欲试提供了一个机会，有了兴趣，就有了动力，而后，教师给予大家足够的思考时间，自我思考、同桌交流、小老师汇报，独学、补学、导学相结合，使得学生的体验更深刻，自身获得的经验也更多，不再是加深对概念的认识，而是对概念进行升华。

3. 三年级以纯数字的九宫数独——提升师生思维水平、提高解题能力、掌握数学学习规律、促进学生继续学习的有效性研究。

六、课题研究的方法

1. 行动研究法：解读现行教材，针对不同年级的内容进行教材创编与评价研究。

如：二年级组的数学教师通过对教材的解读，以《推理》为蓝本，自创《趣味数独》新教材，编写导学案，拍摄微课，借助李国娟特级教师工作室和二年级数学备课组的平台，在李国娟特级教师的引领下，先经历多次尝试：第一次一节课在多个班中进行试教，在思维碰撞中不断改进；第二次进行同一班2课时连上，思考前一课时该为后一课时做好哪些铺垫；第三次进行一单元的展示，4课时分2个班进行，对于执教第三、四课时的班级，前一天进行第一、二课时教学，使教学系统化；采用翻转课堂的模式，进而在本校内进行推广。

2. 调查法：通过"访谈""调测"等活动，了解教师、学生对数学游戏给思维所带来的帮助，及时调整策略和内容。

3. 文献查阅法：主要是对低段数学思维游戏的研究资料做较

为全面地收集整理和综述解读，为本方案的实施提供丰厚的资源支持。

七、课题研究的步骤

第一阶段：课题准备阶段：（2017 年 3 月～2017 年 4 月）

1. 进行前期方案设计论证和文献资料的搜集、整理与学习，成立课题研究小组，拟订方案，并根据第一学段数学"推理思想"在教学中渗透的实践与研究，制定子课题方案。

2. 完成课题申报及开题工作。

第二阶段：实施方案阶段：（2017 年 4 月～2018 年 8 月）

1. 依据课题的总体构思和各自承担的任务，具体实施，进行理论与实践的研究。

2. 编写教材、撰写阶段研究报告、经验论文、个案分析。

3. 收集、整理研究资料，举办经验交流会。

4. 召开研究阶段性的工作交流会，请专家予以指导。

第三阶段：课题总结阶段：（2018 年 9 月～2018 年 12 月）

1. 撰写课题研究报告及工作报告。

2. 收集、编印成果材料，邀请专家鉴定。

八、课题研究的成果形式和人员分工

1. 研究成果基本形式

（1）文字成果：报告类（课题方案、研究报告等）、论文集（科研论文、课例等）、教材、教学用书等。

（2）影像成果：典型课例组录像、照片、多媒体课件等。

2. 人员分工

指导者：李国娟　柯岩中心小学校长　省特级教师

执笔并参与课题研究并对本课题的实施进行有关指导，以利于正常开展研究。

组　长：李迪雷　对本课题全面负责并重点以"二年级以图形、颜色、实物为元素的《趣味数独》游戏的实践与研究"为主。

成　员：

方　芳　以"一年级以卡通动物为元素的《绘本数独》游戏的实践与研究"为主。

陈银红、戴华芳　以"三年级以纯数字的《九宫数独》游戏的实践与研究"为主。

李　甜、金晓艳　参与课题研究、积累资料、整理成果。

张　竞　对本课题实施提供信息技术保障。

后 记

2015 年 3 月 26 日，浙江省教育厅发布《关于深化义务教育课程改革的指导意见》，文件把义务教育课程分为基础性课程和拓展性课程两大类，这是义教课程体系建设的一大创举。

"让学生学会选择"是课改的重要目标。这就要求义务教育除了开齐开好基础性课程，还要让学生有机会参加自己感兴趣的科目和领域的拓展学习和各种活动，为自身发展打下坚实的基础。

《趣味数独》课程以新版教材为基点，以教材例题引发的思考作为切入点，进行课程开发与研究。对基础性课程二下数学广角——推理的知识点进行了很好的整合、补充与拓展。教师通过开发、实施、评价课程，提升了教学专业能力；通过建立研究团队思维碰撞、逐步达成共识，更趋和谐、更促成长。在课堂实施过程中改变教学观念，引入"微课"实现课堂翻转，先学后教，培养学生自主学习的能力。研究团队通过磨课组建优秀课例群，以利其他老师的借鉴，资源共享，发挥辐射作用。

《趣味数独》课程的实施，让学生体验数独的基本玩法，并让他们借助数独"行、列、宫"多维分析，领略到解题的轻松，体验到成功的乐趣；激发了学生对数学的学习兴趣和热爱，培养了学生良好的逻辑推理能力；促进了学生全面思考问题的能力，为数学思维由一维到多维的提升奠定了坚实的基础；"生动、活泼、富有趣味性"的数独活动，让学生更爱我们的课堂，更爱我们的课程。

学生通过"趣味数独"的训练，在小学数学核心素养数学认知（数学概念、数学规律、数学关系）、数学思想（数学抽象、运算推理、数学模型、直观想象、数据分析）、个人发展（思考自学、合作交流、创新实践）等方面可望得到进一步的发展。

在一次次的课堂实践和尝试中，我们积累了许多的资料与经验，由于这些资料与经验都源于课堂，因此本书非常受师生的欢迎。现将教材、教参与这些论文、课堂实录等整理成册，也算是对"趣味数独"拓展性课程的一个最好的诠释吧！

李国娟

2017 年 8 月